정치가의
연애

일러두기

이 책에 사용된 사진과 그림은 출처 및 저작권을 확인해 정상적인 절차를 밟아 사용했습니다. 출처와 저작권자를 밝혀야 하는 사진은 가장 마지막 면에 정리돼 있습니다.

세상을 바꾼 그들의 사랑_ 03

정치가의 연애

초판 1쇄 인쇄 _ 2015년 6월 17일
초판 1쇄 발행 _ 2015년 6월 24일

지은이 _ 김응종, 김태권, 박경옥, 이강혁, 이양자, 원종우

펴낸곳 _ 바이북스
펴낸이 _ 윤옥초
기획 _ 도은숙
책임편집 _ 김태윤
외주교정 _ 이현숙
책임디자인 _ 이민영
디자인팀 _ 이정은

ISBN _ 978-89-92467-98-8 04080
        978-89-92467-94-0 (세트)

등록 _ 2005. 7. 12 | 제 313-2005-000148호

서울시 영등포구 선유로49길 23 아이에스비즈타워2차 1005호
편집 02)333-0812 **| 마케팅** 02)333-9918 **| 팩스** 02)333-9960
이메일 postmaster@bybooks.co.kr
홈페이지 www.bybooks.co.kr

책값은 뒤표지에 있습니다.

책으로 아름다운 세상을 만듭니다. — 바이북스

세상을 바꾼 그들의 사랑_ 03

정치가의
연애

김응종
김태권
박경옥
이강혁
이양자
원종우

바이북스
ByBooks

이 책을 읽기 전에

사람의 인생에 큰 영향을 미치는 요소는 당대 역사, 타고난 재능과 외모, 성장 배경 등 아주 다양하다. 각각의 요소는 얽히고설켜 한 사람의 인생을 좌우한다. 그 가운데 연애 사건은 어떨까? 물론 연애란 앞에서 열거한 항목의 하위 항목인지도 모른다. 그러나 때로 하위 항목이 상위 항목을 떠올리지도 못하게 할 만큼 큰 소리를 내기도 하는데, 연애 사건이 바로 그러한 예가 아닐까. 특정 대상을 그리워하고 사랑했던 경험을 배제한 채 그 사람이 어떤 인생을 살았는지 전부 말했다 할 수 있을지 의문이다.

시리즈 〈세상을 바꾼 그들의 사랑〉은 이런 생각에서 출발했다. 굳이 각 권 제목마다 '사랑'이라는 아름다운 말보다 '연애'라는 통속적 느낌의 단어를 앞세운 이유는, 사랑이라는 말이 추상적인 느낌을 준다면 연애라는 말은 구체적 행위성을 좀 더 잘 나타낸다고 생각했기 때문이다. 남과 여, 남과 남, 여와 여가 만나 서로 그리워하고 귀하게 여기고 때로 집착하기도 하는 것은 단순히 감정에 그치지 않고 대단히 실제적 행위로 연결되기 때문이다.

그렇다면 인문, 사회, 과학, 예술 등의 분야에서 탁월한 업적을 남긴 사람에게 연애는 어떨까? 범인의 연애와 마찬가지 아닐까? 그들도 세상에 널리 알려지기 전에는 보통 사람이었으며, 사랑은 동서고금·남녀노소를 가리지 않고 집요하게 파고드는 불가항력의 감정이기 때문이다. 물론 특별히 이들의 연애사에 관심을 기울이게 된 데는 비범한 사람의 연애라면 보통 사람의 연애와는 다른 '한 끗'이 있으리라는 기대를 품었기 때문이다. 예상은 적중했다.

소설가 보부아르는 철학자 사르트르가 작업 멘트로 날린 "자유, 글쓰는 삶, 제도 밖의 사랑"에 경도되어 그와 함께 평생 이 세 가지를 격정적으로 실천했다. 철학자 니체는 정신분석학자 살로메에게 실연당한 뒤 불후의 걸작 《차라투스트라는 이렇게 말했다》를 써냈다. 뿐인가. 예수회 사제였던 카를 라너는 소설가 루이제 린저를 만나 이미 급진적이었던 자신의 사상을 더욱 발전시켜나갔고, 독일 작곡가이자 지휘자인 브람스는 스승 슈만의 아내 클라라를 평생 짝사랑해 자신이 만든 곡을 헌정하기도 했다. 또한 과학자 아인슈타인은 스위스 취리히 공과대학 동급생이자 부인인 밀레바 마리치의 공헌으로 자신을 세기의 과학자 반열에올린 세 가지 발견(상대성 이론, 광전 효과, 브라운 운동)을 이루어냈고, 악마의 현신이라 불려도 과하지 않을 히틀러조차 죽음 직전에 한 일이 에바 브라운과의 결혼식 거행이었다.

이에 〈세상을 바꾼 그들의 사랑〉은 인류의 지성사·정치사·예술사를 이끌었던 이들이 남긴 자취의 공과를 '연애'라는 아주 사적이고 내밀한 사건을 중심으로 들여다볼 것이다. 또한 동서고금 인간에게 지대한 힘을 발휘하는 연애란 무엇인지 생각해보는 계기도 제공한다.

다만, 100명이 연애하면 100가지 연애 이야기가 나온다는 누군가의 말처럼 이 연애 사건을 한 사람의 시선으로 풀어내는 것은 독자의 시야를 좁히는 결과를 낳으리라는 우려가 있었다. 분야별로 권을 나누어 이야기를 전개하되, 한 분야를 6인 이상의 저자가 각기 다른 인물을 선택해 풀어나갈 것이다. 또한 인류의 역사가 오랫동안 남성 중심으로 전개돼온 탓에 각 분야의 권위자는 대개 남성이라는 한계가 있는데, 이러한 가운데에서도 빛을 발했던 여성의 이야기도 최대한 담아낼 것이다.

〈세상을 바꾼 그들의 사랑〉이 들려주는 연애 이야기, 그 이야기를 중심으로 전개되는 각 분야의 지식을 접하며 어렵게만 여겼던 철학, 종교, 정치, 과학 등에 한 발짝 다가가게 된다면 좋겠다. 더불어 이 책을 통해 자신이 해왔거나, 하고 있거나, 앞으로 할 그리고 분명히 인생의 전환점인 사랑에 대해 자신만의 고유한 관점을 갖추게 된다면 더없이 좋겠다.

바이북스 편집부

내 사랑, 당신에게서 어떤 소식도 듣지 못하고 있어요. 내게 빨리 내
마음을 감성과 기쁨으로 채울 네 쪽의 편지를 보내주시오. 되도록 빨
리 당신을 내 팔에 안고 싶소. 그리고 적도의 태양처럼 불타오르는
100만 번의 키스를 퍼붓고 싶습니다.

이제 나의
연인은
권력이다

나폴레옹&조제핀
원종우

글쓴이

원종우

필명 파토. 대학에서 철학을 전공하다가 영국에서 다시 음악을 전공했다. 1999년 딴지일보에
합류, 15년 동안 음악, 문화, 역사, 과학 등을 주제로 수백 편의 글을 썼으며 2008년 SBS 창사
특집 환경다큐멘터리 〈코난의 시대〉 작가로 휴스턴 영화제 대상을 수상하기도 했다. 2012년에
는 《조금은 삐딱한 세계사: 유럽편》을 출간해 역사 부문 베스트셀러에 올랐다. 2013년부터는
과학 커뮤니케이션에 전념해 과학과사람들을 설립, 팟캐스트 〈파토의 과학하고 앉아있네〉로 2
년 만에 600만 다운로드를 기록했고, 과학자, 작가, 예술가 들과 함께 새로운 형태의 과학 전
시와 강연, 공연도 만들고 있다. 과학과 상상력의 결합인 '다큐멘터테인먼트' 《태양계 연대기》
와 교양 과학서 《파토의 호모 사이언티피쿠스》를 출간했다.

✢ 정복왕? 로맨틱 가이?

나는 당신 생각으로 가득 차 깨어납니다. 당신의 모습과 지난밤 넋을 잃을 정도의 황홀함이 내 감각을 혼란스럽게 합니다. 달콤한, 누구와도 비교할 수 없는 조제핀, 당신은 내 가슴에 어떤 신비로운 일을 한 거요? ……

당신은 화가 났습니까? 내가 당신을 슬픈 표정으로 바라보고 있는 건가요? 당신은 무언가 걱정하고 있나요? 내 영혼은 슬픔으로 고통스럽고, 당신을 향한 사랑 때문에 휴식을 취할 수가 없네요. 그런데 나를 압도해버리는 깊은 감정에 굴복하면서, 당신의 입술로부터, 당신의 마음으로부터 불같이 나를 태워버릴 사랑을 끄집어낼 때, 어떻게 내가 더 쉴 수 있단 말입니까?

내 달콤한 사랑, 1,000번의 키스를 보냅니다. 하지만 내게는 키스를 돌려주지 않아도 돼요. 왜냐하면 그것은 내 피에 불을 지피니까요. 〈나폴레옹, 1795년의 편지〉

나폴레옹이 조제핀에게 보낸 러브 레터. 그 수가 워낙 많았기 때문에 200여 년이 지난 지금도 수백 통이 남아 내용을 확인할 수 있을 정도다.

낯간지러울 만치 강렬한 사랑의 표현들, 연인을 향한 뜨거운 열정과 안타까움과 섭섭함이 교차하는 감정, 나아가 애원에 가까운 갈망이 담긴 이 글귀들은 감성이 풍부한 한 남자가 연인에게 보낸 편지의 일부다. 두 사람이 사귀기 시작한 지 얼마 되지 않아 보낸 것인데, 남자의 이런 열렬한 구애의 결과인지 두 사람은 이 편지를 보낸 다음 해인 1796년 3월에 결혼했다. 남자는 일생 동안 총 7만 5,000통이나 되는 편지를 썼는데, 그중 상당수는 바로 이 여인에게 보내는 일방적인 러브 레터였다.

의처증 환자나 스토커로 보이는 이 남자의 이름은 그 유명한 나폴레옹 보나파르트_{Napoléon Bonaparte, 1769~1821}다. 그리스 알렉산더 대왕과 로마 카이사르의 뒤를 잇는 불세출의 정복자이자 전쟁의 천재. 유럽 대부분의 지역을 개인의 지략과 능력으로 굴복시키고 프랑스 최초로 황제의 자리에 올랐던 바로 그 인물이다. 당시 유럽인에게 존경과 공포를 불러일으켰던 이 위대한 인물도 자신이 사랑하는 여인 앞에선 심약해지고 마는 한 명의 청년이었다.

나폴레옹을 마지막으로 세상은 더 이상 전쟁을 일으키고 주변을 복속시키며 권력을 획득한 이들을 영웅으로 추앙하지 않게 되었다. 그래서 그는 역사상 최후의 정복 영웅이다.

역사의 기록은 대개 승자와 강자의 편이고, 개인의 내면보다는 외적인 흥망성쇠를 드러내려는 경향이 있다. 그래서 이들 정복자들은 흔히 차지한 땅덩어리의 크기, 죽인 사람의 수, 건설한 제국의 번영 여부 등을 통해 객관적으로 평가되곤 했다. 그래서 우리는 그들의 업적만을 기억할 뿐 한 인간으로서의 내면이나 동기에 대해서는 알지 못한다.

나폴레옹이 등장한 시대는 1789년의 프랑스 대혁명 직후로, 왕이 아닌 국민이 갖는 주권, 즉 공화정의 개념이 사회 전면에 등장했던 때였다. 젊은 나폴레옹은 공화정의 열렬한 옹호자였다. 그가 군인으로서 처음 두각을 나타냈던 혁명전쟁은, 대혁명의 정체성을 지키기 위한 방어적인 것이었고 정복의 성격은 없었다. 나폴레옹은 혁명의 수호자로 국민과 혁명 세력의 큰 지지와 신임을 받았고, 혼돈과 혼란을 거듭하며 폭력과 살육이 난무하는 혁명 정국 속에서 공화정을 지켜낼 유일한 인물로 지칭되기까지 했다.

나폴레옹은 이런 지지를 등에 업은 채 군인으로서의 천재적 재능과 끝 모를 자신감을 발판으로 당대의 역사적·사회적 상황을 자신을 위한 정치적 기회로 전환시켰다. 그는 정계에 등장한 지 고작 10여 년 만에 혁명으로 탄생한 공화정을 스스로의 손으로 뒤엎고, 프랑스 역사상 전무했던 황제의 자리에 오르는 역설적인 행보를 보이게 된다.

과연 무엇이 그를 이토록 변하게 만들었을까? 권력과 명예라는 세속
적 욕망에 눈이 멀어 자신이 추구했던 이상과 가치를 헌신짝처럼 버린
것일까? 혹은 지나치게 빠른 출세와 성공 속에서 자신도 감당할 수 없
었던 열정과 세파의 불길 속에 몸을 던져버린 것일까? 어쩌면 그가 그
토록 사랑했던 여인, 조제핀 드 보아르네Joséphine de Beauharnais 1763~1814는
그런 나폴레옹의 삶을 뿌리에서부터 뒤흔들어버린 것은 아닐까?

✟ 나폴레옹의 출생과 성장

나폴레옹은 프랑스 대혁명의 초기 중심인물은 아니었다. 엄밀한 의미에
서 그는 프랑스인조차 아니었다. 대혁명이 발발한 1789년 당시 나폴레
옹은 파릇파릇한 20세의 청년으로, 고향인 코르시카Corsica에서 국민병으
로 복무하고 있었다. 이탈리아와 프랑스 사이의 지중해 상에 위치한 큼
지막한 섬인 코르시카는, 지리적으로 프랑스보다는 이탈리아에 더 가까
워서 실제로 중세 대부분의 기간에 걸쳐 이탈리아 제노바 공화국의 영
토였다. 그러던 것이 나폴레옹이 태어나기 불과 1년 전인 1768년이 되
어서야 프랑스에 양도된다.

그런데 이때는 코르시카가 제노바 공화국을 상대로 투쟁을 벌여 독립
을 거의 쟁취한 순간이었고, 허를 찔린 코르시카인들은 갑작스러운 프
랑스의 통치에 대항하는 새로운 독립운동을 벌여야 하는 처지에 빠져버

렸다. 이런 배경 때문에 코르시카인들은 프랑스 문화에의 동질감을 가졌던 적이 없었을뿐더러 스스로 프랑스인이라는 인식을 가질 겨를도 없었다.

나폴레옹의 아버지 카를로 보나파르트Carlo Bonaparte, 1746~1785도 프랑스에 대항하는 전투에 뛰어들었지만 독립운동은 2년도 되지 않아 좌절되었고, 결과적으로 나폴레옹은 프랑스인으로 살게 되었다. 나아가 그는 프랑스에서 교육받을 기회를 얻게 되는데, 아버지 카를로가 프랑스의 지배에 적응해서 지방의 귀족이 되었기 때문이다. 그렇게 생활의 안정과 부를 축적한 카를로는, 1779년에 10세의 나폴레옹과 형 조제프 보나파르트Joseph Bonaparte, 1768~1844를 프랑스 본토로 유학 보냈다.

프랑스에서 소년 나폴레옹은 그리 두각을 나타내는 존재가 아니었다. 기록에 따르면 그는 작은 체구의 학생으로 어둡고 음울한 성격에 혼자 골똘히 생각에 잠기는 타입이었다고 하는데, 일단 프랑스어에 서툴렀기 때문에 수업을 따라가기 어려웠고 또 바다 너머 식민지 출신인 탓에 교우 관계 등에서 어려움을 겪었을 것이다.

하지만 15세 무렵 파리의 육군 사관 학교에 입학한 후로는, 조용한 모습은 이전과 비슷했지만 자존심이 강하고 질문에 즉각적으로 대답하는 야무진 학생으로 변해 있었다. 다만 학업 성적은 여전히 좋지 않아서 58명 중 42등이라는 저조한 성적으로 졸업했다. 이어 포병 소위로 임관해 1789년 프랑스 혁명이 일어나자 20세의 청년 나폴레옹은 잠시 코르시카로 돌아와 국민병이 되었다.

23세 무렵의 나폴레옹 초상화. 나폴레옹이 한창 공화정의 이상을 추구하며 군인으로서의 입지를 다지고 있을 때였다. 이로부터 약 3년 후인 1795년 그는 조제핀과 운명적으로 만나게 된다.

영웅의 어린 시절이라고 하기엔 다소 초라했지만, 오히려 그런 점이 나폴레옹의 삶을 더욱 열정적으로 만들었는지도 모른다.

그러나 혁명의 영향으로 어지러워진 고향에 그가 있을 곳은 없었다. 프랑스의 지배력이 약해진 상황에서 보나파르트 집안 전체가 프랑스에 협력한 매국노로 민족주의 세력에 의해 적대시되었기 때문이다. 이에 파리로 돌아온 젊은 나폴레옹은 이제 공화정의 대의에 적극적으로 참여하기 시작했다.

그는 1791년 혁명가 로베스피에르Robespierre, 1758~1794(자코뱅파의 지도자)의 도움으로 혁명 중추였던 자코뱅 클럽Club des Jacobins에 가입했는데, 타고난 언변과 자신감으로 22세의 나이에 자코뱅 클럽의 회장으로 선출되기에 이르렀다. 이어 국민 공회Convention nationale의 포병 사령관 자리를 차지하게 되었고, 왕당파의 사주를 받은 영국군을 격파한 공로를 인정받아 단숨에 육군 준장으로 승진했다.

⚜ 조제핀의 출생과 성장

젊다 못해 어린 나이에도 불구하고 이런 빠른 출세가 가능했던 것은 오로지 대혁명이라는 특수한 시대 상황 때문이었다. 나이 많은 군인들이 혁명 과정에서 대부분 처형당한 가운데, 젊으면서도 전쟁에 타고난 재능을 드러냈던 나폴레옹이 쉽게 두각을 나타낸 것이다. 비록 후원자였던 로베스피에르의 갑작스러운 처형 등 험난한 정국 속에서 야인으로 떠돌기도 했지만, 1795년 왕당파의 반란이 일어나자 이를 확실하게 섬멸함으로써 "국민 공회의 수호자"로 명예와 입지를 굳혔다. 이때 그의 나이는 겨우 26세였고, 바로 그해에 운명적인 사랑인 조제핀을 만난다.

나폴레옹보다 여섯 살이 많은 조제핀은 군인 집안 출신으로 프랑스에서 멀리 떨어진 대서양 건너 카리브 해의 식민지 마르티니크^{Martinique} 섬에서 1763년에 태어났다. 아버지는 조제프 가스파르 드 라 파제리^{Joseph Gaspard de La Pagerie, 1735~1790}로, 조제핀의 결혼 전 이름은 마리 조제프 드 라 파제리^{Marie Josèphe de La Pagerie}다. 식민지에서 너른 사탕수수 농장을 경영하는 유복한 집안이었지만, 조제핀이 3세 때인 1766년 강력한 허리케인으로 농장이 파괴된 이후부터 경제적으로 어려움을 겪게 됐다.

라 파제리 가문은 지속적인 돈 문제를 매우 통속적인 방법으로 해결

했다. 조제핀의 동생을 지역의 실력자인 프랑소와 남작의 아들, 알렉상드르 드 보아르네Alexandre de Beauharnais, 1760~1794에게 시집보낸 것이다.

이 결혼은 조제핀의 고모 중 한 명이 프랑소와 남작의 애첩이었던 인연으로 가능했다. 하지만 시집간 여동생이 어린 나이에 갑자기 사망하자 언니인 조제핀이 그 자리를 채워야 했고, 그렇게 그녀는 1779년 16세의 나이로 알렉상드르 드 보아르네 자작의 아내가 되었다. 그들은 얼마 후 프랑스 본토로 이주해 외젠과 오르탕스 남매를 낳는다.

그러나 어지러운 정략결혼의 결과인 조제핀과 알렉상드르의 결혼생활은 순탄치 않았고, 1793년에는 결국 이혼에 이르게 됐다. 흔히 알려진 바와는 달리 조제핀은 알렉상드르가 기요틴에서 처형됐을 때 이미 이혼한 지 1년 남짓 지난 상태로 미망인의 신분은 아니었다. 남편이던 알렉상드르는 루이 16세의 군인으로 미국 독립 전쟁에서 미국을 지원했지만 프랑스 혁명이 일어나자 혁명군에 가담했던 인물이었는데, 1794년 로베스피에르의 공포 정치하에서 그만 귀족주의 혐의로 참수되고 말았다. 조제핀 역시 같은 혐의로 체포되었지만 테르미도르Thermidor의 반동으로 로베스피에르가 갑작스럽게 몰락하면서 운 좋게 목숨을 건질 수 있었다.

그 후부터 조제핀은 정계의 많은 남자들과 염문을 뿌리며 사교계의 꽃으로 떠올랐다. 화려하고 사치스러운 성격이었던 조제핀은 남편이 처형되며 재산을 몰수당하게 되자, 미모를 무기로 힘 있는 남자들의 재력을 통해 생활하는 수밖에 없었다. 이즈음에 그녀는 젊은 장군 나폴레옹을 만나게 되었는데, 당시 조제핀은 혁명 정부의 실권자 중 하나였던 폴 바라스Paul Barras, 1755~1829의 정부情婦로 지내고 있었다. 아이러니하게도 조제핀을 나폴레옹에게 소개해준 사람이 바로 바라스 본인이었다. 지금의 상식으로는 이해하기 어렵지만 18세기 말 유럽 사교계에는 정부를 두는 일이 비일비재했기 때문에 가능한 일이었을 것이다. 심지어 조제핀은 나폴레옹과 결혼한 후에도 바라스의 정부 역할을 그만두지 않았다.

✤ 어긋난 만남과 연전연승

이렇듯 나폴레옹과 조제핀의 만남은 처음부터 엇갈려 있었다. 코르시카 식민지 출신으로 벼락출세를 한 젊은 나폴레옹으로서는 귀족적인 기품이 몸에 배어 있고 미모도 출중했던 조제핀이 마치 여신처럼 우아하게 느껴졌을 것이다. 고지식하고 순박한 그는 그녀와의 진실한 사랑을 원했을 뿐 프랑스 귀족들 사이에 만연해 있던 문란한 관계에 대한 동경 따위는 아예 없었다.

하지만 16세의 나이로 몰락한 가문을 위한 정략결혼을 경험했던 조제핀에게 나폴레옹의 낭만적인 사랑에 대한 열정과 기대는 세상 물정 모르는 어린 남자의 치기 정도로 보이지 않았을까? 당시의 나폴레옹은 조제핀이 그동안 상대한 권력자들보다 지위가 높거나 돈이 많지도 않았고, 사교계의 인기 있는 남자들처럼 훌륭한 외모와 세련된 매너를 갖고 있지도 않았다. 젊은 나이에 꽤나 성공한 야심찬 인물로서 향후의 생활

1805년 무렵에 그려진 40대 초반 즈음의 조제핀의 초상화.

을 안정시킬 수 있는 파트너로 보였을지는 모르지만, 조제핀에게 열정적 사랑이나 동경의 대상으로 와 닿을 이유는 없었던 것이다.

　일설에 따르면 조제핀이 그랬던 것처럼 나폴레옹도, 사교계의 유명인사로 넓은 인맥을 구축하고 있던 조제핀을 이용하려는 의도가 있었을 것이라고 한다. 그의 빈약한 출신 배경이나 불안한 신분을 볼 때 충분히 생각할 수 있는 일이지만, 실제로 그런 정략적 계산의 비중이 높았을 성싶지는 않다. 조제핀에게 보낸 편지의 양과 내용에서 드러나는 그녀에 대한 나폴레옹의 사랑과 열정은 정략적인 관점으로는 설명하기 어렵기 때문이다. 출세를 목적으로 연인에게 값비싼 선물을 하는 경우는 많겠지만, 수천 통의 연애편지를 매일같이 쓸 수 있는 사람은 거의 없다. 이렇게 남자의 지위와 그를 통한 안정을 바랐던 조제핀과, 오로지 열정적 사랑을 갈구하는 나폴레옹의 연애가 순탄했을 리 없다. 둘의 사랑은 개인적인 문제로 그친 것이 아니라 유럽의 역사를 좌우하게 되는 파장을 가져오게 된다는 점에서 더욱 극적이다.

조제핀에 깊이 빠져든 나폴레옹은 열띤 구애 끝에 몇 달 지나지 않아 그녀와 결혼할 수 있었다. 하지만 시청에서 약식으로 치른 결혼식은 그가 이탈리아 원정길을 떠나기 불과 이틀 전에야 치러졌다. 막 결혼해서 깊이 사랑하는 아내를 두고 전쟁터로 떠나야 하는 나폴레옹의 심정은 무척 안타까웠을 것이다.

하지만 이 원정에서부터 카이사르에 버금가는 군인 나폴레옹의 무적 신화는 시작된다. 그가 처음 이탈리아 남부의 니스에 도달했을 때 프랑스군의 상황은 무척 좋지 않았다. 집결한 군대는 기록상으로는 4만 3,000명이었지만 실제로는 훨씬 적었고, 그나마 훈련도 제대로 되어 있지 않고 사기도 떨어진 오합지졸이었다. 나폴레옹은 이들을 열정과 솔선수범으로 다스려 이내 자신의 최고 정예 부대로 탈바꿈시키는데, 이런 나폴레옹의 능력은 이후에도 여러 번 빛을 발했다.

이어진 원정에서 나폴레옹의 전과戰果는 연전연승 그 자체였다. 군대의 훈련이 끝나자 나폴레옹은 이탈리아 북부를 침공해 롬바르디아 지역을 점령하고 있던 오스트리아군을 대파하고 이어 토리노를 함락한 후, 파죽지세로 진격해 밀라노를 점령하고 오스트리아의 이탈리아 거점이었던 만토바를 포위하기에 이르렀다. 이런 나폴레옹에 위협을 느낀 교황과 만토바의 영주들은 급히 휴전을 요청했다. 이를 통해 이탈리아 땅에 프랑스 혁명의 정신을 계승하는 롬바르디아 공화국을 세운 그는 이어 모데나·에밀리아·볼로냐 등을 병합해 치살피나 공화국을 세우고, 영국군이 점령하고 있던 고향 코르시카에도 군대를 보냈다.

그러던 중 오스트리아가 휴전 협정을 어기고 본국에서 군대를 파견했는데, 네 차례에 걸친 공격에도 불구하고 나폴레옹은 매번 승리했고 결국 만토바는 함락되고 말았다. 협정 파기에 분노한 나폴레옹은 놀랍게도 승리의 여세를 몰아 멀리 떨어진 오스트리아의 수도 빈으로 군대를 진격시켰다. 준비가 되어 있지 않던 오스트리아는 또다시 휴전을 제안하게 된다. 이로 인해 합스부르크 왕가의 본국이자 신성 로마 제국의 거점으로 유럽 전역에 기세를 떨치던 오스트리아 왕국의 체면은, 이 20대 젊은 장군의 손에 의해 하루아침에 땅에 떨어졌다.

나폴레옹은 힘겹게 결혼한 부인과 함께하지 못하는 분노를 쏟아내듯이 전장을 누비며 승리를 거뒀지만, 이런 놀라운 전과들만큼이나 인상적인 것은 그가 점령지에서 취한 정책들이었다. 나폴레옹은 자신이 점령한 지역들의 정치 구조를 직접 재편했는데, 기존의 체제를 해체하고 곳곳에 프랑스 대혁명의 이상에 부합되는 공화국을 건설하기 시작했다. 혁명의 정신이 프랑스뿐만 아니라 유럽 전역으로 퍼져나가게 된 것이다. 이는 유럽의 유서 깊은 왕국들이 프랑스 대혁명을 지켜보며 두려워했던 바로 그 사태였는데, 자신들의 왕국 내부에서의 봉기를 두려워했을망정 프랑스의 군대가 직접 유럽을 휘저으며 공화정을 실현할 것이라는 생각은 하지 못했었기에 이런 뜻밖의 전개에 크게 당황했다.

한편 막상 혁명의 본거지인 프랑스에서는 선거에서 왕당파가 승리를 거두고 이에 맞선 공화파의 반란이 실패하는 사태가 벌어졌다. 나폴레옹은 파리로 원정군을 보내 쿠데타를 일으키고, 1795년의 왕당파 반란 진압에 이어 공화정을 두 번째로 구해내기에 이른다. 이 과정에서 그의 명예와 위신이 하늘 높은 줄 모르고 치솟았음은 말할 것도 없다. 하지만 이런 눈부신 성취 속에서도 연인을 두고 온 젊은 남편 나폴레옹의 마음 속은 타들어가고 있었다.

✢ 연인의 배신과 첫 패배

나는 더 이상 당신을 사랑하지 않아요. 반대로 당신을 혐오하오. 당신은 비열하고, 정말 심술궂고, 어리석은 신데렐라입니다. 당신은 내게 절대로 편지를 쓰지 않소, 남편을 사랑하지 않아요. 당신의 편지가 남편에게 얼마나 기쁨을 주는지 알고 있으면서도 짬을 내서 짧은 편지도 쓰지 않소!

…… 그러면 마담, 하루 종일 도대체 뭘 하는 거요? 헌신적인 연인에게 편지를 쓸 시간을 빼앗는 그렇게 중요한 일이 도대체 무엇입니까? 당신의 매 순간을 빼앗고, 당신의 날들을 지배하고, 당신의 남편에게 관심을 주지 못하도록 방해하는 멋진 새 연인이 누구란 말이오?

내 사랑, 당신에게서 어떤 소식도 듣지 못하고 있어요. 내게 빨리 내 마음을 감성과 기쁨으로 채울 네 쪽의 편지를 보내주시오. 되도록 빨리 당신을 내 팔에 안고 싶소. 그리고 적도의 태양처럼 불타오르는 100만 번의

키스를 퍼붓고 싶습니다. 〈나폴레옹, 1797년의 편지〉

전장으로 먼 길을 떠나 있던 나폴레옹이 결혼 후 1년 즈음이 되던 1797년에 파리에 남아 있던 조제핀에게 보낸 이 편지는, 제대로 답장을 하지 않고 무심하게 반응하는 조제핀에 대한 나폴레옹의 서운함으로 가득 차 있다. 나폴레옹은 전쟁터의 포화 속에서 매일 적어도 두 통의 편지를 조제핀에게 쓸 정도로 열정적이고 헌신적이었다. 그러나 조제핀은 나폴레옹의 그런 사랑에 적극적으로 화답하지 않았다. 조제핀의 편지는 양에서도 내용에서도, 나폴레옹과는 달리 무미건조하고 담담했다. 애당초 깊은 사랑이 없었기에 그의 재촉에 형식적으로 답했을 뿐이었다.

그런데 나폴레옹이 편지 속에서 넌지시 의심해보듯이 조제핀은 이때 벌써 다른 남자와 외도를 벌이고 있었다. 그 대상은 사교계에서 플레이보이로 유명한 이폴리트 샤를Hippolyte Charles, 1772~1837이라는 잘생긴 기병 장교였는데, 이들은 둘의 관계를 세상에 전혀 숨기지 않았기 때문에 프랑스 내에서는 이미 염문이 파다하게 퍼져 있었다. 그러나 멀리 떨어진 전장에서 전투에 골몰하던 나폴레옹은 그런 사실을 전혀 알지 못했고, 외로움에 지쳐 급기야 총재 폴 바라스와 의회를 설득해 조제핀을 전장으로 부르기도 했다. 그녀는 마지못해 나폴레옹 곁으로 떠나지만 연인인 이폴리트 샤를을 동반하고 이국적인 사랑의 여행을 마음껏 즐긴다.

이탈리아 원정을 마치고 프랑스로 돌아온 후에도 나폴레옹은 그녀의 외도를 알아차리지 못했다. 파리의 모든 사람들이 그 사실을 알고 있을 정도로 공공연한 비밀이었지만 군사력과 권력, 명예를 동시에 쥐고 있던 젊은 장군에게 굳이 그런 사실을 전하러 나선 사람은 없었다. 당시 파리의 사교계에서 그런 일은 너무 흔한 것이라 굳이 고자질할 가치마저 없었을지 모른다.

그런데 평범한 외도 사건으로 그렇게 잊힐 줄 알았던 이 일은 결국 거대한 회오리와 연결되고 만다. 1798년, 29세의 나폴레옹은 군대를 이끌고 먼 이집트로 향했다. 유럽에서 유일하게 힘이 미치지 않던 섬나라 영국을 견제하기 위해, 인도에서 들어오는 물자를 차단할 목적의 원정길이었다. 나폴레옹에게 전해진 경로는 확실하지 않지만 그는 이 이집트 원정 도중 비로소 조제핀의 외도에 대해 알아채고 큰 충격을 받은 것으로 알려진다. 그리고 처음으로 전쟁에서의 패배라는 멍에를 쓰게 된다.

이집트에 도착한 나폴레옹의 군대는 고도古都 알렉산드리아를 쉽게 점령하지만 이후의 상황은 순탄치 않았다. 인도와의 중요한 무역로를 사수하고자 영국의 넬슨Horatio Nelson, 1758~1805 제독이 함대를 이끌고 지중해를 가로질러 나일 강 유역까지 도달한 것이다. 나폴레옹의 프랑스군은 해군이 아닌 육군이 주축이었고, 사면이 바다인 섬나라 영국의 넬슨 함대를 당해내기에는 역부족이었다. 또 이집트와 밀접한 관계를 맺고 있던 동지중해의 강자 오스만 제국마저 반프랑스 전선에 가세하니, 나폴레옹의 군대는 모든 면에서 열세에 밀려 포위당하는 형국이 되고 말았다.

위기를 맞게 된 그는 군대를 버려두고 측근들과 함께 신분을 숨긴 채 프랑스로 도주하는 치욕을 겪는다. 이 패배는 영국을 고립시키려는 목적을 달성하지 못한 점에서도 실패였지만, 나폴레옹의 무적 신화가 꺾였다는 점에서도 큰 타격이었다. 게다가 프랑스와 강화 조약을 맺었던 오스트리아까지 다시 나서서 영국·러시아·오스만 제국 등이 합세한 제2차 대對프랑스 동맹이 체결되기에 이르렀다.

조제핀의 외도를 알게 된 것이 이 패배와 어떤 연관이 있는지 확인할 수는 없다. 다만 그녀의 외도 사실을 알고 나서부터 나폴레옹도 여러 여성과 관계를 가지기 시작했다는 점을 통해 심적 충격과 배신감이 적지 않았음을 짐작할 수 있다. 역사서는 주로 전략·전술·병력·무기 등의 객관적인 조건으로 전쟁의 승패를 분석하지만 전쟁도 사람이 하는 일이기에 지휘관의 감정 상태나 집중도에 영향을 받지 않을 수 없다. 세계 해전사에 길이 남은 넬슨을 상대로 한 것이었다고는 해도, 프랑스군의 허망한 패배나 나폴레옹의 무력한 도주에는 그러한 감정의 그림자도 드리워져 있었을 것이다.

그렇게 보면 조제핀에의 배신감은 이집트에서 나폴레옹이 패배하는 데 상당한 영향을 미치고, 길게는 나폴레옹의 세계관 자체에 영향을 주었다고 해도 하등 이상할 것이 없다. 천하의 나폴레옹도 불세출의 정복자이기 이전에 깊은 사랑에 빠져 있던 젊은 남자였기 때문이다.

✝ 프랑스 공화국의 제1통령, 차갑게 식은 마음

프랑스로 쫓겨온 나폴레옹은 심각한 패전의 책임에서 벗어나기 힘든 상황이었다. 그러나 그는 위기를 기회로 바꾸는 승부사의 기질을 다시 한번 유감없이 발휘한다. 바로 '친위 쿠데타親衛 coup d'État·self-coup(권력자가 합법적 수단으로 쿠데타를 일으켜 정부나 의회를 힘으로 전복하고 새로운 권력 질서 수립을 도모하는 군사 행동)'를 통해서였다. 10여 년 동안의 혁명전쟁 과정에서, 또 이집트와 이탈리아 등지에서의 연이은 패배로 프랑스의 민심은 무척 흉흉했다. 로베스피에르의 처형 후 혁명 세력은 구심점이 빈약해진 반면, 구 왕정 '앙시앵 레짐Ancien Régime'의 복구를 노리는 왕당파의 세력은 그 어느 때보다 강해져 있었다. 이미 이런 상황을 명분으로 두 번이나 공화정을 구했던 나폴레옹은, 혁명 초기부터의 주요 지도자이자 의회의 리더였던 시에예스Emmanuel Sieyès, 1748~1836와 손잡고 1799년 친위 쿠데타를 일으켰다.

비록 전쟁 영웅으로 명성이 높긴 했지만 지위는 야전 군인에 지나지 않았던 나폴레옹은, 이 쿠데타를 통해 비로소 권력의 중심부에 진출하게 된다. 시에예스·뒤코Roger Ducos, 1747~1816와 함께 프랑스 공화정의 공동 통령으로 취임했을 때 그의 나이는 겨우 30세에 지나지 않았다. 이는 프랑스인으로서의 정체성도 없던 식민지 출신 청년이 본국 프랑스의 최고 권좌에 오르는 놀라운 사태였다. 프랑스처럼 긴 역사를 가진, 그것도 오랜 귀족들의 힘이 막강한 나라에서 "머리에 피도 안 마른" 시골 청년이 권력을 거머쥐는 일은, 혁명 언저리의 시대 상황이 아니라면 절대로 불가능한 일이었다.

이때의 권력층 구조상 그는 3명의 통령 중 한 사람으로, 외형적으로는 1인 독재와 거리가 있었다. 시에예스·뒤코는 공포 정치와 살육의 바람이 휘몰아친 후 이를 수습하기 위해 나선 정치가들이었고, 강력한 존재감과 함께 군대를 기반으로 하는 실질적인 힘을 지닌 나폴레옹과는 전혀 다른 성향의 사람들이었다.

이렇듯 천운이라고 해야 할지 역사의 필연이라고 봐야 할지 알 수 없는 상황 속에서, 나폴레옹은 공화정을 혼란에서 구해낼 프랑스의 수호자로서 최고 권력을 거머쥐게 되었다. 통령 정부의 기반이 된 혁명력 제8년 헌법은 제1통령인 그에게 대부분의 실질적 권력을 위임해주었고, 이에 힘입어 나폴레옹은 프랑스 사회를 보다 근대적인 형태로 전환시키는 개혁을 진행했다. 그 결과물의 상당수는 아직까지도 프랑스 사회에 남아 운용되며 높은 역사적 평가를 받고 있다.

하지만 이러는 동안 조제핀과의 관계는 무척 좋지 않았다. 그녀의 외도 사실을 알게 되고 또 많은 일을 겪은 후 이집트에서 돌아온 나폴레옹의 마음은 차갑게 식어버렸고, 조제핀과 이혼할 결심을 굳히고 있었다. 그러나 나폴레옹과 관계가 원만했던 조제핀의 아들딸 외젠Eugène de Beauharnais, 1781~1824과 오르탕스Hortense de Beauharnais, 1783~1837가 만류하고 본인의 정치적 입지도 아직은 불안한 상태였기 때문에 실행에 옮기지는 않는다. 파국은 피했지만 30대의 장년에 접어든 그는 권력층의 다른 사람들이 그러했듯이 이후 많은 애인과 정부를 두며 자유분방한 생활을 누렸다.

⚜ 유럽 통합의 야심

그러고는 다시 군사 원정이 시작된다. 첫 이탈리아 원정에서 복속시켰던 이탈리아 북부 롬바르디아 지역이 이집트 원정의 틈바구니에서 다시 오스트리아의 손에 넘어가 있었기 때문이다. 이 두 번째 이탈리아 원정에서 나폴레옹은 험준한 알프스를 넘는 과감한 기습 작전을 감행했다.

수천 년에 걸친 유럽 전쟁사에서도 거의 유래가 없는 이 알프스 횡단으로 적의 허를 찌른 나폴레옹은 이탈리아에서 다시 연전연승을 거두며 오스트리아군을 유린했다. 이어 오스트리아 본토까지 다시 침공해 협정을 맺고, 1802년에는 숙적 영국과 식민지의 영토 분할을 포함한 평화 협정마저 이끌어낸다. 이로 인해 오랫동안 반복되어온 유럽 각 지역에서의 전쟁은 잠시나마 종식되었고, 프랑스와 나폴레옹을 중심으로 한 새로운 유럽의 정치적 지형도가 형성되는 듯이 보였다.

이 분위기 속에서 나폴레옹은 자신의 업적을 발판으로 1인 독재 체제를 더욱 굳건히 하고, 이어 1802년 혁명력 제10년 헌법의 국민 투표 통과로 '종신 통령'의 지위에 올랐다. 불과 33세의 나이에 평생 유지되는 절대 권력을 법적으로 보장받게 된 것이다.

그렇다면 대혁명을 겪으며 그토록 어렵사리 왕정에서 벗어난 프랑스인들은 왜 또다시 나폴레옹이 독재자의 자리에 오르도록 용인했을까? 지금의 관점에서 이것은 왕정 복귀와 별다를 것이 없는 상황이지만 그 시대 프랑스인들의 생각은 달랐다. 그들에게 왕은 곧 부르봉Bourbon 왕가를 지칭하는 것이었고, 그들의 복귀를 저지하며 지속되는 혼란을 잠재

〈알프스를 넘는 나폴레옹〉 그림의 5번째 버전. 나폴레옹이 알프스를 횡단하며, 그 유명한 "내 사전에 불가능은 없다"라는 말을 남겼다고 한다.

울 수 있는 실력자 나폴레옹은 반가워할 대상이었던 것이다.

또한, 혁명 주체와 지식인층 일부에게만 공화정의 이상理想이 공유되었을 뿐 대부분의 프랑스 민중들은 공화정이 무엇인지조차 제대로 알지 못했다. 프랑스 민중들의 입장에서는 생활이 안정되고 착취가 사라진다면 정치 체제 따위는 아무래도 상관없었다.

이렇게 종신 통령 자리에 오른 나폴레옹이 일찍부터 황제의 관을 넘보고 있었는지는 알 수 없지만, 부르봉 왕가와 영국이 함께 사주한 나폴레옹의 암살 기도는 나폴레옹의 황제 등극에 표면적인 촉매 역할을 하게 된다. 유럽 대륙의 대부분이 나폴레옹에 굴복해 강화 조약을 체결한 상태에서, 인도와 신대륙에 거대한 식민지를 구축한 영국만은 이에 끈질기게 저항하고 있었다. 영국 입장에서는 유럽 통합의 야심을 숨기지

Napoléon
&
Joséphine

않는 나폴레옹보다는 상식적인 라이벌 관계였던 예전의 부르봉 왕가가 편한 상대였다.

그러나 암살 기도는 모의 과정에서 발각되고, 주모자인 부르봉 왕가의 일원 앙기앵 공작Duc d'Enghien, Louis Antoine Henri de Bourbon-Conde, 1772~1804은 거주하던 독일에서 납치되어 즉시 처형된다. 이 일이 나폴레옹으로 하여금 황제로 등극할 명분을 준 이유는, 그가 황제가 되고 그의 자손이 황위를 이어받게 되면 부르봉 왕가의 복귀만은 근본적으로 차단될 것이라는 어찌 보면 기묘한 논리에 근거하고 있었다. 이런 점을 고려할 때 나폴레옹이 왕이 아니라 황제의 명칭을 사용한 것은, 단지 자신의 위대함을 드러내기 위한 것만이 아니라 왕에 대한 프랑스인들의 경계심을 우회하기 위한 측면도 있었다는 점을 알 수 있다.

물론 그는 황제의 명칭을 쓸 충분한 자격을 갖추기도 했다. 유럽의 황제는 중국 등의 동아시아와는 개념이 달라서 로마를 계승하거나 그에 준하는 정복의 업적을 쌓은 자만이 가질 수 있는 특별한 지위다. 나폴레옹은 프랑크 왕국의 샤를마뉴 대제(9세기 기독교 왕국을 통합해 서로마 제국 황제의 칭호를 받았다) 이후 최초로 유럽 대부분의 지역을 복속시킨 인물이었고, 그런 그의 황제 등극은 과거의 영광을 재현하는 통합 유럽 제국에 대한 지향의 의미를 지니고 있었다.

✝ 권력이야말로 나의 애인이다

1804년 5월 말, 나폴레옹은 제정帝政을 선포하고 같은 해 12월 노트르담 사원에서 교황을 모셔놓고 대관식을 거행한다. 일설에는 주저하는 교황의 손에서 나폴레옹이 황제의 관을 빼앗아 직접 머리에 썼다고 하는데, 이는 낭설이다. 나폴레옹이 직접 관을 쓰고 또 조제핀에게 씌워준 것은 사실이지만 미리 계획된 절차에 의한 것이었다. 이렇듯 교황이 참여한 권위 있고도 화려한 대관식을 통해 식민지 출신의 풋내기 군인이었던 나폴레옹은 프랑스 역사상 첫 황제가 되었고, 그간 서로 외도하며 관계가 소원했던 조제핀도 정식으로 황후의 자리에 올랐다. 나폴레옹의 그녀에 대한 열정은 이미 식었지만 정치적 필요에 의해 형식적인 부부로 남은 것인데, 이렇게 관계를 유지시켜준 황제와 황후라는 지위가 결국에는 두 사람을 갈라놓는 부메랑이 되었다는 것은 역사의 아이러니다.

이제 제국이 된 프랑스는 이전의 공화국 시절과는 다른 직제가 필요했다. 나폴레옹 가문은 황가의 칭호를 받게 되었고 제국 내에 새로운 작위 체제가 만들어졌다. 작위의 수립은 공화정하에서 명목상으로나마 무력해졌던 세습 귀족들이 다시 생겨났다는 뜻이고, 이는 세습 군주와 귀족을 중심으로 한 프랑스의 구체제, 즉 '앙시앵 레짐'으로의 복귀를 의미했다. 공화정을 목표로 삼았던 프랑스 대혁명이 드디어 막을 내린 것이었다. 이렇게 10년 동안 엄청난 피와 눈물을 뿌렸던 프랑스 대혁명의 실험은, 지나친 급진성과 그에 대한 반작용으로 왕정王政보다 더 강력한 절대 권력인 '제정帝政의 수립'이라는 역설적 결과를 낳게 되었다.

황제가 되어서도 안주하지 않던 나폴레옹은 육지에서의 승리와 바다에서의 패배를 반복하다가, 1805년 트라팔가르Trafalgar 해전에서 영국의 넬슨 제독에게 대패하게 되는데, 그 결과로 해상의 통제권을 완전히 상실하고 말았다. 대서양 연안국으로 오랫동안 영국과 대치해온 프랑스로서는 치욕적인 결과였다. 육군인 나폴레옹은 해전에 무지하기도 했지만 프랑스 해군이 이렇듯 약화된 데는 이유가 있었다. 프랑스 함대를 책임지던 왕정 시대의 유능한 제독들이 오랜 혁명의 과정 속에서 대부분 처형되고 만 것이다. 나폴레옹의 비현실적 출세를 가능케 한 군 수뇌부의 공백이 프랑스군의 아킬레스건이 된 셈이었다. 그러나 이 문제를 해결할 방법은 존재하지 않았다.

하지만 해전에서의 열세에도 불구하고 오스트리아를 다시 굴복시키고 러시아 세력마저 동쪽으로 밀어낸 나폴레옹은 독일과 이탈리아의 광대한 영토를 손에 넣었고, 독일 땅에 라인 연방을 세워 1,500년 전통의 신성 로마 제국을 과감히 해체해버렸다. 이렇게 해서 이제 동부 유럽은 러시아, 서부 유럽은 프랑스가 관할하는 유럽 대륙의 전반적인 구도가 자리 잡게 된다. 오스트리아·프로이센·이탈리아와 그 배경의 신성 로마 제국 등 전통의 서유럽 강호들이 모두 나폴레옹의 발아래에 무릎을 꿇고 만 것이다. 이제 남은 것은 영국뿐이었다.

영국을 직접 공격하는 것이 역부족이라는 사실을 경험을 통해 깨달은 나폴레옹은 차선책으로 섬나라 영국을 고립시키기 위한 대륙 봉쇄령을 내렸다. 이후, 이를 지키지 않고 영국과 교역한 포르투갈을 정벌하고 그

과정에서 반란을 일으킨 스페인마저 평정했다. 이어 다시 동쪽의 오스트리아를 공격해 대륙에서의 입지를 재확인한다.

그런데 여기서 우리는 기묘한 모순을 발견하게 된다. 나폴레옹은 분명 공화정의 이상을 추구한 대혁명의 열렬한 지지자였다. 그러나 이제는 거대한 제국의 세습 황제이자 독재자로 군림하게 됐다. 그가 이렇게 극적으로 변해간 이유는 무엇일까? 권력을 한번 맛본 자는 예외 없이 그것을 놓지 못하고 더 큰 권력을 추구하기 때문일까?

그렇지만은 않다. 실은 자코뱅 당원으로서의 청년 나폴레옹뿐 아니라 이후의 황제 나폴레옹도 대혁명의 가치 실현을 여전히 추구했다. 하지만 이제는 참담한 혁명의 혼란이 아니라 강력한 힘과 리더십이 필요하다는 사실을, 그가 난세의 경험 속에서 깨달았기 때문이었을 것이다.

조제핀과의 일화들에서 알 수 있듯이 20대의 청년 나폴레옹은 높은 정치적 이상만큼이나 한 여자에 대한 강렬한 열정을 가진 인물이었다. 이렇듯 순진한 측면이 있었던 당시의 나폴레옹은 세속적인 권력에 대한 추구가 아닌 순수한 이상의 전파를 위해, 자신의 군사적 재능을 활용하여 여러 번 공화정을 구하고 또 유럽 전역에 그 가치를 퍼트리려 했다.

하지만 그 과정에서 나폴레옹은 공사 양면에서의 이상과 현실의 차이를 깨닫게 된다. 프랑스의 공화제 정부는 왕당파의 반란을 스스로 처리하지 못하는 것은 물론 선거에서까지 패배하는 등, 그의 군사적 도움이 없이는 존립조차도 어려울 정도로 불안정했다. 그러는 와중에 오스트리아를 필두로 한 전통의 세력들은 전투에서의 끝없는 패배와 용서(나폴레

1806년 즈음에 그려진 〈왕좌에 앉은 나폴레옹 1세〉 그림. 이 무렵의 나폴레옹은 스스로를 고대 유럽의 전설적 영웅인 샤를마뉴(카롤루스) 대제와 동일시하기에 이르렀다.

옹은 패한 적을 모욕하지 않고 신사적으로 대했다)에도 불구하고 계속 다시 힘을 규합해 그에게 맞섰다. 게다가 생사를 건 전쟁터에 나가 있는 동안에도 그토록 열정을 쏟았던 조제핀은 그의 믿음을 철저하게 배신했고 그에게 씻을 수 없는 상처를 주었다.

나폴레옹의 인생을 통틀어 특히 조제핀과의 관계에서 받은 상처는, 나폴레옹의 가치관에 무시할 수 없는 영향을 줬을 것이다. 그는 1804년 제정 수립기에 "권력이야말로 나의 애인이다"라는 말을 남겼다.

나폴레옹이 일반적인 권력자였다면 이 말에 큰 의미를 부여할 필요는 없다. 하지만 그는 바로 몇 년 전까지도 한 여인을 상대로 수천 통의 연애편지를 쓰던, 불타는 사랑의 화신 같은 남자였다. "내가 생각하는 것은 당신뿐이오"라고 끝없이 되뇌던 남자를, 몇 년 만에 "나의 애인은 권력이다"라고 말할 정도의 냉정한 인물로 바꿔놓을 수 있는 것은, 그 사랑을 바친 대상의 배신과 이로 인한 환멸 외에는 다른 이유를 생각하기 어렵다. 타고난 로맨티스트인 데다가 조제핀에 대한 정열이 강했던 만큼이나, 젊은 나폴레옹은 사랑에 배신당한 충격과 고통을 견디기 위해 그 정열을 돌려놓을 다른 지향점이 필요했을 것이다. 그 결과 그는 승리와 권력에 더욱 몰두하게 된 것은 아닐까?

하지만 이런 변화 속에서도 그가 자신이 추구했던 가치까지 잊지 않았다는 사실은 여러 정황들에서 드러난다. 비록 황제라는 모순된 지위에 있긴 했지만 나폴레옹은 프랑스 대혁명을 통해 만들어진 제도와 가치를 정복지에 퍼트리고, 거기에 기초해 정부를 재구성함으로써, 기존의 국경선을 무시한 채 여러 민족이 뒤섞인 단순하면서도 복합적인 형태를 띤 제국을 만들어나갔다. 이는 단순히 영토와 권력만을 추구한 여타 정복자들과는 차원이 다른 행보였다.

✤두 번째 엇갈림, 그리고 이혼

황후가 된 조제핀은 그 지위에 걸맞은 사치에 빠져들었다. 수천 벌에 달하는 드레스와 장갑, 구두를 소장했고 사치품 구입비를 충당하기 위해 아들 외젠(양아버지 나폴레옹의 황제 등극으로 로이히텐베르크 공작이 되었다)과 딸 오르탕스(나폴레옹의 동생 루이와 결혼했다)에게서 돈을 빌리기도 했다.

그러나 조제핀에게는 이보다 훨씬 큰 문제가 있었다. 결혼한 지 10년 가까이 지났음에도 나폴레옹의 아이를 낳지 못했던 것이다. 나폴레옹이 군인이나 통령의 신분으로 있을 때는 후사가 그리 중요하지 않았지만, 세습 황제로 등극한 후에는 사정이 바뀌었다. 제국의 존립과 유지를 위해서는 혈연에 의한 명백한 후계 구도가 반드시 필요하기 때문이었다.

나폴레옹이 쉽사리 이혼을 결정했던 것은 아니었다. 그는 고육지책으로 자신의 조카이며 조제핀인 손자였던 어린 샤를(나폴레옹의 친동생인 루이 보나파르트Louis Bonaparte, 1778~1846와 조제핀의 딸 오르탕스 사이에서 태어난 첫째 아들)을 후계자로 임명했다. 하지만 1807년 샤를이 5세도 안 되어 병으로 죽어버리자 더 이상은 어쩔 수 없는 처지가 되었고, 1809년 12월 30일 한때 목숨과도 같은 사랑이었던 조제핀에게 "프랑스의 이익을 위해" 이혼을 통보하게 된다.

여기서 비극적이었던 것은, 황후가 될 무렵 조제핀은 진심으로 나폴레옹을 사랑하게 된 듯하다는 점이다. 물론 나폴레옹처럼 열렬한 방식은 아니었지만, 심한 외도에도 불구하고 자신을 내치지 않고 또 미워하지 못했던 그의 순수함에 애정이 생겼을 것이다. 또 젊어서는 식민지 출신의 시시한 촌뜨기로만 여겨졌던 나폴레옹이, 황제의 자리에까지 오르는 모습을 보며 감정이 달라졌을지도 모른다. 이는 파리에서 경매 물품으로 등장한 조제핀의 편지에서도 확인할 수 있다. 1806년 원정에 나선 나폴레옹의 참모 루이알렉상드르 베르티에Louis-Alexandre Berthier, 1753~1815

장군에게 조제핀이 보낸 친필 편지인데, 황제의 신변 안전을 걱정하고 보호를 부탁하는 내용이다. 나폴레옹에게 별달리 관심이 없던 이전의 그녀와는 무척 다른 태도를 보이고 있다.

하지만 사랑을 배신당했을 뿐만 아니라 남자로서 공개적으로 모욕을 당한 나폴레옹은 결코 조제핀을 전처럼 사랑할 수 없었다. 일설에 따르면 이혼 통보를 받은 조제핀은 충격을 받아 비명을 지르며 기절했고, 이혼하지 않겠다고 고집을 부렸다고도 한다. 기절은 과장된 연기였을 거라는 시각이 지배적이지만 실제로 이혼은 강하게 거부했던 것 같다. 아들 외젠의 긴 설득을 통해서야 이혼에 동의했다고 전해지기 때문이다.

이렇게 조제핀과 이혼한 나폴레옹은 이어 오스트리아 합스부르크 왕가의 마리 루이즈Marie Louise, 1791~1847와 결혼했다. 마리 루이즈는 오스트리아의 대공이자 신성 로마 제국의 황후였던, 실권자 마리아 테레지아Maria Theresia, 1717~1780의 증손녀였는데, 프랑스 대혁명에서 처형당한 루이 16세의 아내 마리 앙투아네트가 바로 마리아 테레지아의 막내딸이었다. 이렇게 마리 앙투아네트 집안의 혈육이 프랑스 황후의 자리에 오르게 된 일은, 대혁명의 철저한 실패와 소멸을 알리는 또 하나의 상징적인 사건이었다. 마리 루이즈는 결혼 2년 만에 나폴레옹이 그토록 원했던 아들, 나폴레옹 2세를 낳아주었다.

한편 이혼당한 조제핀은 나폴레옹의 배려로 황후의 지위를 유지하면서 이전과 별 다름없이 생활할 수 있었다. 황후가 되기 전인 1799년에 이미 구입해두었던 파리 근교의 말메종 성Château de Malmaison으로 거처를

말년의 조제핀을 그린 초상화. 나폴레옹과 조제
핀은 오랫동안 형식적으로만 부부였을 뿐 각자
서로 많은 사람들과 불륜 행각을 이어갔다.

옮긴 그녀는 그곳에서도 사치를 즐기며 염문을 뿌렸지만, 한편으로는
직접 장미를 채집하고 250여 종의 장미를 정원에 심어 키우며 전원에서
의 삶을 즐겼다고도 한다. 그러면서도 나폴레옹과의 애틋함은 남았는지
서로 서신을 교환하며 연락을 이어갔다. 비록 연인으로서의 애정은 식
었지만 여전히 사랑의 흔적은 남은 듯한, 나폴레옹이 조제핀에 갖는 양
면의 감정이 드러나는 대목이다.

✠ 프랑스, 군대, 선봉대, 조제핀

나폴레옹의 이런 개인사와는 관련 없이 주변 정세는 바쁘게 돌아갔다.
여전히 강력한 세력을 갖고 있던 러시아가 나폴레옹의 대륙 봉쇄령을

약화시키는 정책을 발표했고, 이에 분노한 나폴레옹은 대군을 이끌고 러시아 원정을 감행했다. 결과는 러시아의 추운 겨울에 충분히 대비하지 못한 프랑스군의 대패였다. 처음에는 60만 명이던 대군이 모스크바를 함락했을 때는 10만 명, 패배 후 프랑스로 돌아왔을 때는 고작 4만 명으로 줄어 있었다고 하니 그 손실이 어느 정도였는지 짐작할 수 있다. 이렇게 나폴레옹의 기세가 꺾이기 시작하자 러시아와 함께 영국·스페인·포르투갈·오스트리아·스웨덴 등 유럽 전역이 그에게 반기를 들고 나섰다. 나폴레옹은 끊임없이 저항하면서 여러 번의 기적적인 승리를 거두기도 했지만 중과부적이었고, 결국 파리가 함락되며 1814년 퇴위하고 지중해의 엘바Elba 섬으로 유배되고 말았다.

그즈음 조제핀은 프랑스 땅에 들어온 러시아의 알렉산드르 1세와 친분을 맺으며 혼란스러운 정국 속에서 살길을 모색하고 있었다. 그러던 중 나폴레옹이 결국 폐위당하고 유배의 길을 떠나자 뜻밖에 재산을 정리하고 나폴레옹에게 가려고 했다. 이 노력은 성사되지 않았는데, 정작 나폴레옹은 자신의 아이를 낳아준 마리 루이즈가 오기를 기대했기 때문이었다. 기록에 따르면 조제핀은 나폴레옹이 자기를 기다릴 거라고 믿고 주변에 그렇게 말하기도 했다고 알려지는데, 그가 자신을 원하지 않음을 알게 되고는 얼마 지나지 않아 갑작스러운 폐렴으로 파리에서 파란만장한 생을 마치고 말았다. 그녀는 죽으면서 나폴레옹의 이름을 불렀다고 한다.

조제핀의 때 아닌 죽음이 나폴레옹의 불행에 대한 동정과 그에 대한 그리움 때문이었는지는 알 수 없다. 평소 멋 내기를 좋아해 한겨울에도 얇은 옷을 즐겨 입던 그녀가 폐렴에 걸린 것은 어쩌면 당연한 일인지도 모른다. 하지만 조제핀이 만년에 들어 자신을 그토록 사랑해준 나폴레옹에게 이전의 차가움과는 다른 감정을 품게 된 것은 사실로 보인다. 그 시기가 조금 더 빨랐더라면 유럽의 역사는 어떤 식으로든 바뀌었을 것이다.

엘바 섬으로 쫓겨간 나폴레옹은 그곳에서 조제핀의 부음을 듣고 크게 충격을 받았다고 한다. 일설에 따르면 이틀 동안 식음을 전폐하고 홀로 두문불출했다고 전해지는데, 그런 상태가 그를 절망으로까지 몰고 가지는 않은 것 같다. 놀랍게도 몇 달 후 엘바 섬을 탈출해 프랑스로 다시 돌아가 권력을 되찾는 데 성공했기 때문이다. 후세의 역사가들은 이 일을 두고 백일천하라고 부른다.

나폴레옹의 뒤를 이어 프랑스의 왕이 된 부르봉 왕가의 루이 18세는 혁명으로 바뀐 모든 것을 이전으로 되돌리려 했는데, 이에 대한 프랑스 국민들의 저항도 만만치 않았다.

사실 엘바 섬의 나폴레옹은 많은 연금과 편한 삶을 약속받고 있었다. 그러나 연금 지급 약속이 잘 지켜지지 않고 또 마리 루이즈와 아들이 자신에게 오지 않자 그곳을 떠날 맘을 먹게 되었다. 섬을 떠나 본토로 들어선 나폴레옹은 자신을 체포하러 온 군대를 설득해서 함께 진군할 정도의 카리스마와 자신감을 발휘했고, 20일 만에 파리에 입성해 스스로 황제의 자리에 다시 올랐다. 그리고 놀랍게도 과거의 절대 권력을 버리고 유럽에서 가장 자유롭고 근대적인 자유 헌법을 만들어 공포했다. 공화주의자로서의 그의 내면을 다시금 보여주는 일화가 아닐 수 없다.

　나폴레옹의 복귀에 혼비백산한 유럽 각국은 다시 연합 전선을 결성했고, 이미 기세가 한 번 꺾인 나폴레옹과 그의 군대는 워털루Waterloo에서 영국·프로이센·러시아 등의 연합 대군에게 패배했다. 다시 물러나게 된 나폴레옹이 이번에 유배된 곳은 절해고도인 세인트헬레나Saint Helena 섬이었다. 프랑스에서 멀지 않은 지중해의 엘바 섬과는 전혀 다른 환경의, 아프리카 서해안에서 2,800킬로미터나 떨어진 이곳에서 그가 탈출할 가능성은 전혀 없었다. 세인트헬레나 섬에서의 유배 생활이 6년째에 접어들은 1821년, 나폴레옹은 51세를 일기로 숨을 거뒀다.

　"프랑스France, 군대l'armée, 선봉대tête d'armée, 조제핀Joséphine"이 그의 유언이었다. 그간의 불화와 반목에도 불구하고 그의 마음 깊은 곳에는 이미 저세상 사람이 된 조제핀이 여전히 남아 있었던 것이다. 나폴레옹의 삶에 격변을 가져온 것이 조제핀과의 사랑이었다고 조심스럽게 추정할 수 있는 근거다.

　나폴레옹과 조제핀은 오랫동안 형식적으로만 부부였을 뿐 각자 서로 많은 사람들과 불륜 행각을 이어갔다.

　역사에 한 획을 그은 출중한 전략가이자 정복자였으며, 개혁가이기도 했던 나폴레옹의 사상과 삶을, 여인과의 사랑을 통해 전적으로 규정하

는 것은 무리일지도 모른다. 하지만 인간은 역사서의 객관적인 시각과는 달리 사생활에서 자유로울 수 없는 존재다.

만약 조제핀을 향한 나폴레옹의 열정이 그가 원했던 형태로 결실을 맺을 수 있었다면, 과연 나폴레옹이 그토록 끊임없이 불가능에 덤벼든 야심가가 되었을까? 만약 나폴레옹의 야심이 조금만 작았더라면 실패한 정복 영웅 대신 프랑스 땅 안에서 대혁명의 결실을 일구는 훌륭한 정치 지도자로 남을 수도 있지 않았을까?

나폴레옹과 조제핀은 역사의 전면에서 파란만장한 삶을 살았던, 지향점이 맞지 않는 애정을 서로 다른 시기에 나눈 불행한 연인이었다. 하지만 그들은 마지막 숨이 다할 때 서로의 이름을 불렀다. 비록 서로를 향한 사랑의 방식은 각자 달랐다 해도 깊이 사랑하지 않았다면 그럴 수 없었을 것이다. 사랑은 원래 행복만을 목적으로 하는 것이 아니기에.

연애라기보다는 멀리서 바라보는 영웅 숭배였습니다. 집에서 도망해
그를 위해 일한 것은 로맨틱한 여자의 생각이었습니다. 그래도 그것
은 잘 생각한 일이지요. 나는 중국을 구하고 돕고자 하는 마음이었습
니다. 쑨원 박사만이 그것을 할 수 있는 유일한 인물이었습니다.

쑹칭링&쑨원

이양자

조국을
사랑하듯
서로를
사랑하다

글쓴이 이양자

서울대학교 사범대학 역사교육과를 졸업하고 동 대학 대학원 사학과에서 동양사를 전공해 석사학위를 받았으며 영남대학교 대학원 사학과에서 《송경령 연구》로 박사학위를 받았다. 동의대학교에 재직했으며 중국사학회 회장을 역임했다. 현 동의대학교 사학과 명예교수로, 동양사학회와 중국근현대사학회 평의원이다. 저서로는 《송경령 연구》, 《조선에서의 원세개》, 《역사를 움직인 중국 여성들》, 《현대 중국의 탐색》(편저), 《중국 근대화를 이끈 걸출한 인물들》(공저), 《중국 근대화를 이끈 걸출한 여성들》(공저), 《중국 근현대 주요 인물 연구 1, 2》(공저), 《조선후기 대외관계 연구》(공저) 등이 있으며, 역서로서는 《송경령 평전》, 《중국근대사》, 《송경령과 하향응》, 《20세기 중국을 빛낸 위대한 여성 송경령 上, 下》, 《중국 혁명의 기원》, 《송미령 평전》, 《주은래와 등영초》, 《사료로 보는 중국여성사 100년》 등이 있다.

✤ 중국을 사랑한 여성 정치가

그녀는 성실한 사람들에 대해서는 실로 담백했지만 위선자에게는 칼날같

이 날카로웠다. 그녀는 중국의 "미완성 혁명"의 양심이며 항심恒心이다.

에드거 스노Edgar Parks Snow, 1905~1972(미국의 저널리스트)

그녀는 일생 동안 그녀 자신이 아닌 남을 위해 싸웠으며, 그녀가 한 모든

행동은 자기 자신의 이익을 희생시킨 것이었다.

님 웨일스Nym Wales, 1907~1997(미국의 저널리스트, 에드거 스노의 부인)

지난 세월 동안 어떤 폭풍과 비바람이 중국을 뒤흔들어도 그녀의 신념은

결코 비틀거리지 않았으며 그녀의 목소리는 늘 평화를 위해 울려 퍼졌다.

자와할랄 네루Jawaharlal Nehru, 1889~1964(인도의 초대 총리, 비동맹주의의 선도자)

우리의 탁월한 부주석은 단지 세계에서 고운 향기를 내는 아름다운 꽃일 따름인가? 결코 아니다! 그녀는 둘러쳐진 철조망을 물어뜯어버리려는 용맹스러운 사자다.

로맹 롤랑Romain Rolland, 1866~1944(프랑스의 소설가, 반파시즘 세계위원회의 주석)

세계 역사에 길이 남은 위인들이 "그녀"에 대해 평가한 말들이다. 우리나라 사람들에게는 거의 알려지지 않다가 중국의 현대사를 좌우한 세 자매 이야기로 주목을 받게 된 그녀는, 신해혁명의 주역이었던 쑨원의 부인 쑹칭링宋慶齡·송경령, 1893~1981이다.

흔히 쑹칭링을 쑨원孫文·손문, 1866~1925의 부인이나, 재력으로 유명한 쑹씨宋氏 집안의 일원으로만 이해하기 쉽고, 쑨원 사후의 그녀의 사상과 활동까지 쑨원의 영향권 내에서 해석하려는 경향이 있다. 하지만, 쑹칭링은 쑨원의 사상을 맹목적으로 추종하기보다는 계승·발전시켜 나가고자 힘쓴 사람이었다. 특히 1930년대 이래로 민권 운동과 항일 구국 운동을 전개하는 한편, 반제·반파시즘 운동과 중국민권보장동맹을 위해 헌신적으로 봉사했다.

종전 후에는 중공 정권 수립에 합류했고 그 후 정부의 여러 요직을 역임함과 동시에 부녀 해방과 평화 복지 운동에 전념했다. 쑹칭링은 장제스蔣介石·장개석, 1887~1975의 독재 정치에 항거한 국민당 좌파의 인물이었으며, 노동자·농민·여성 해방을 위해 생애를 바친 위대한 여성이었다.

인도의 정치가 네루를 비롯한, 쑹칭링을 아끼는 많은 세계의 인사들

1920년 무렵의 쑹칭링의 모습. 쑨원은 쑹칭링과 단 10년이라는 짧은 결혼 생활을 함께한 후 세상을 떠났지만, 쑹칭링은 그의 사망 후 무려 60년에 가까운 세월을 남편 쑨원의 혁명 목적에 충실하며 굳건하게 살았다.

이 쑹칭링의 인상에 대해 위와 같이 말한 것을 보면, 그녀의 행적이 단지 쑨원의 유지를 지키는 것을 넘어 한 명의 여성 정치가로서 우뚝 서 활약한 삶이었음을 알 수 있다. 쑹칭링은 남편에 대한 사랑을 넘어 동아시아 및 세계 역사에 큰 족적을 남긴 여성 정치가였다.

"중국을 사랑한 여인"이라는 별명처럼 조국과 남편을 뜨겁게 사랑했고 여전히 중국인에게 존경을 받고 있는 쑹칭링이, 27세나 나이 많은 유부남과 연애를 하고 주위의 반대를 무릅쓰며 결혼까지 했다는 사실은 당대는 고사하고 요즘도 쉽게 받아들일 수 없는 일일 것이다. 하지만 조국을 사랑하듯 서로를 사랑한 두 사람의 사랑과 삶에는 우리가 반드시 되새겨볼 만한 무언가가 있다.

✤ 여걸의 탄생과 성장

쑹칭링은 상하이上海의 유복한 기독교 집안에서 출생했다. 아버지 쑹자수와 어머니 니꾸이전 사이에서는 차녀인 쑹칭링과 언니 쑹아이링, 여동생 쑹메이링을 비롯한 6남매가 태어났다.

쑹칭링의 아버지 쑹자수宋嘉樹·송가수, 1866?~1918는, 광둥성廣東省 하이난다오海南島의 가난한 상인 집안에서 태어나, 9세 때 친척의 양자가 되어 미국 보스턴으로 건너갔다. 그러나 장사에 흥미를 느끼지 못하고 그곳을 도망쳐 나와 전전하다가 다행히 주위의 도움을 입어 테네시 주에 있는 밴더빌트 대학교에서 신학 공부를 마쳤다. 찰리 쑹Charlie Soong으로 불리기도 했던 그는 선교사가 되어 중국으로 귀국한 후, 상하이에서 전도 활동을 하다가 인쇄소와 밀가루 공장을 경영하는 부르주아로 성장했고, 일찍부터 혁명 운동에 뜻을 두고 쑨원의 혁명 활동을 원조했다.

쑹칭링의 어머니 니꾸이전倪桂珍·예계진, 1869~1931은 기독교 집안에서 태어나 신교육을 받은 활발하고 활동적인 신여성이었고, 열렬한 크리스천 복음주의자로 가난한 사람들에게 아낌없이 도움을 주는 여성이었다.

쑹칭링이 태어나던 때의 중국은 자본주의가 최초의 성장기를 맞이하려는 시기였으며, 외국 문화에 대한 관심이 높아지고 여성 교육에 주목하기 시작해, 기독교인과 개화 지식인 사이에서 '천족天足 운동'이 일어나던 무렵이었다. 그중에서도 쑹칭링의 부모는 가히 선구자라 할 수 있었으며 자녀 교육에 대한 그들의 생각은 당시로서는 획기적인 것이었다. 그들은 중국의 해방과 변혁 운동에 자식들을 참여시키기 위해서라도 외국에 보내어 세계를 보여줘야 한다고 생각했고, 6남매를 모두 미국에 유학시켰다. 이후 중국의 4대 재벌 가운데 하나인 절강 재벌로 성장하게 된 쑹자수는 세 딸을 모두 여걸로 성장시켰다.

첫째가 돈을 사랑했던 쑹아이링宋靄齡·송애령, 1888~1973(금융인 쿵샹시의 부인)이었고, 둘째가 중국을 사랑했던 쑹칭링(정치인 쑨원의 부인)이었으며, 셋째가 권력을 사랑했던 쑹메이링宋美齡·송미령, 1897~2003(정치인 장제스의 부인)이었다. 마치 드라마 같은 세 자매의 삶은 요즘에도 많은 사람들의 관심을 끌고 있지만 그중 쑹칭링의 삶은 개인의 영달을 추구한 다른 자매와 대비되어 단연 돋보인다.

가정 교육은 상당히 엄했지만 언니 쑹아이링과 동생 쑹메이링은 활달한 편이었으며, 쑹칭링은 내성적이며 온순했다고 한다. 세 자매는 모두 전족을 하지 않았으며 기독교 계통의 중학교를 졸업한 후 미국으로 유학을 떠났다.

언니 쑹아이링은 1904년 중국 여성으로서는 처음 미국으로 유학을 가서 조지아 주에 있는 웨슬리언 여자 대학에 입학했다. 1908년 쑹칭링은 15세에 중학교를 졸업하고 동생 쑹메이링과 이모부 부부와 함께 미국으로 떠났다. 쑹칭링은 4년 전에 언니가 입학했던 대학의 예과에 적을 두었고, 나중에 동생 쑹메이링이 같은 대학에 입학하면서 쑹씨 세 자매는 모두 웨슬리언 여자 대학의 캠퍼스에서 공부하게 되었다.

동생 쑹메이링은 쑹칭링이 귀국하자, 하버드 대학교에 다니고 있던 오빠 쑹쯔원宋子文·송자문, 1894~1971의 보호 아래 공부하기 위해 매사추세

츠 주의 웰즐리 대학(힐러리 클린턴 등의 유명인을 배출한 미국의 명문 여대)에 편입해 이 대학을 졸업했다.

✤ 중국인을 위한 애국주의

쑹칭링은 철학을 전공했는데 공부하는 것을 좋아하고 도덕적·철학적 문제에 특히 관심을 보였다. 그녀는 학우들과 쉽게 어울리지 않았으며 근면·겸손하고 내성적이며 정숙했다고 한다. 웨슬리언 여자 대학의 학우였던 마사 홀리데이는 "쑹칭링은 공부하기 위해 미국에 왔기 때문에 문학 분야를 열심히 공부했다. 그녀는 다른 자매들처럼 우리들과 동화되지 않았다"라고 했으며, 1925년의 웨슬리언 동창회지는 쑹칭링에 대해 "마담 쑨Madame Sun Yat-sen(영미권에서 쑹칭링은 종종 이렇게 불렸다)은 서양인의 체형을 지녔지만 몸치장은 자기 나라의 민족의상으로 하고 있다"라고 묘사했다. 아마도 쑹칭링의 정신이나 마음 자세가 모두 중국적이었던 것을 상징적으로 얘기한 것이라 여겨진다. 쑹칭링은 미국에서 받은 교육을 통해, 사고의 기초가 되고 행동의 원동력이 될 만큼 중요한 신사상을 가지게 되는데, 그 궁극적인 내용은 중국인을 위한 애국주의라 할 수 있었다.

쑹칭링의 이와 같은 학생 시절의 모습과 생각은 그녀가 편집인으로 관계했던 대학 문예지 《더 웨슬리언The Wesleyan》에 게재된 그녀의 문장을 통해서 보다 구체적으로 알 수 있다. 그녀는 대학 시절에 〈유학생들이

1908년 무렵의 쑨원의 모습. 쑹칭링은 어릴 때부터
쑨원을 선생님이며 따라야 할 본보기로 생각해왔다.

조국 중국에 미치는 영향〉, 〈20세기 최대의 사건〉, 〈네 개의 점〉, 〈현대 중국의 여성들〉, 〈아마阿媽·Ahmah〉라는 다섯 편의 글을 발표했다. 이 중 〈유학생들이 조국 중국에 미치는 영향〉이라는 글에서 쑹칭링은, 근대적인 선진국에서 교육을 받은 중국의 남녀 인재들이 국가에 어떻게 요구하고 표현하고 행동하며 중국의 오랜 악폐에 도전해 성과를 올릴 것인가를 논하고 있다. 이미 쑹칭링은 대학 시절부터 조국의 현실에 대한 비판과 개선에 큰 관심을 가지고 있었음을 알 수 있다.

이 글이 발표되었을 때 중국에서는 이미 우창치이武昌起義·무창기의(청 왕조를 무너뜨리고 중화민국을 세운 신해혁명의 시발점이 된 봉기)가 발발하고 있었다.

당시 18세의 쑹칭링은 혁명에 의해 청 왕조가 무너지고 공화국이 출현하리라고는 짐작치 못하고 있었다. 1911년 10월 10일의 우창치이가 일어난 후 혁명은 중국 남부의 성省들로 번져나갔고 다음 해 1월 쑨원은 난징南京에서 임시 대총통이 되었다. 이 사실을 안 쑹칭링은 가슴 깊은 곳으로부터 격렬하게 솟아오르는 감동을 참을 수 없어, 벽에 붙어 있던 청조清朝의 용기龍旗를 내리고 아버지가 보내준 오색기五色旗(적·황·청·백·흑의 5색으로 나누어져 한漢족·만주족·몽고족·회족·티베트족의 5족 공화共和를 상징한다. 1912~1928년까지 사용되었던 국기로, 특히 쑨원은 이 오색기를 좋아했다고 한다)를 달면서 "용을 타도하라! 공화국 기를 세워라!" 하고 크게 부르짖으며 혁명의 승리를 기뻐했다고 한다. 그런데 신해혁명의 진행은 그녀의 예상을 훨씬 넘어선 것이었다. 혁명의 불길은 단순히 중국만 휩쓴 것이 아니라 미국에 유학하고 있는 쑹칭링의 삶까지 바꿔놓았다.

✿ 애국과 연애 사이

진보주의의 풍조 속에 있었던 20세기 초의 미국 근대 시민 사회를 보고 듣고 체험한 쑹칭링은 20세가 되던 1913년 봄에 4년 동안의 대학 생활을 마치고 졸업했다. 그해 여름 일본으로 건너가 가족을 만나고 또한 혁명의 중심인물인 쑨원을 만나게 되었다. 쑹칭링은 여기서 뜻을 정하고 혁명 사업에 몸을 바치게 되었던 것으로 보인다.

쑹칭링의 인생은 20세기의 가장 중요한 중국인 세 사람과 반세기 이상을 상호작용했다고 할 수 있다. 그 세 사람은 남편 쑨원, 여동생 쑹메이링의 남편이자 정치적 적수인 장제스, 그리고 정치적 협력자였던 마오쩌둥毛澤東·모택동, 1893~1976이었다. 죽은 남편의 뜻을 받들어 자매와 원수가 되면서까지 조국과 민중의 해방을 위해 일생을 바친 그녀의 삶에 있어, 부부애는 곧 조국애였다. 또한 그 뜨거움이 중국의 근대사를 요동시킨 세상을 바꾼 연애였다.

쑨원과 쑹씨 집안의 관계는 쑹칭링이 태어날 즈음부터 시작되었다. 쑹칭링의 아버지 쑹자수는 미국에서 귀국해 어느 정도 자리를 잡았던 시절인 1890년대 초 쑨원을 만났다. 두 사람의 화제는 중국의 현상 타파와 미래에의 열정 등으로 가득 찼으며, 쑹자수는 복음에 의한 중국 구제는 불가능함을 느끼고 혁명에 의한 중국 구제를 선택하게 되었다. 그는 사업과 가족에게 미칠 위험을 무릅쓰고 쑨원의 혁명 운동을 도왔다. 사업을 하는 틈틈이 쑨원의 비서이자 조직 활동가로서 일하거나, 쑨원의 사업 자금을 조달하고 비밀 활동을 비호하는 역할을 마다하지 않았다. 쑹자수가 성서聖書 출판을 주로 하는 인쇄업을 시작했을 때, 가득 쌓인 성서 꾸러미 속에는 쑨원의 혁명 문서 팸플릿이 숨겨져 있었다.

쑨원이 상하이에 있을 때는 거의 쑹자수의 집에 머물렀다. 쑹자수의 아이들은 쑨원을 삼촌처럼 생각했으며, 당연한 일인 양 쑨원을 가족의 일원처럼 대했다고 한다. 쑨원과 쑹자수의 대화를 종종 엿들으며 아버지가 쑨원의 혁명 운동에 뜻을 같이 하는 동지라는 점을 알게 되었던 쑹자수의 자녀들은, 당시 청조의 쇠퇴 현상에 주목하며 민족주의 감정을 키웠고 점차 혁명 사상을 큰 거부감 없이 받아들이게 되었을 것이다. 자녀들 중에서도 특히 쑹칭링은, 쑨원과 아버지가 얘기하는 동안 눈동자를 빛내며 열심히 귀를 기울였다고 한다.

1913년 봄 쑹칭링은 대학을 졸업한 후 은사에게 다음과 같은 의미 있는 편지를 보냈다.

> ······ 저는 머지않아 귀국길에 오릅니다. 저는 쑨원 박사 숭배자로부터 부탁을 받아, 쑨원 박사에게 드릴 캘리포니아산 과일을 한 상자 가지고 갑니다. 그리고 저 자신도 또한 그에게 드릴 편지를 지니고 가는 자랑스러운 사자使者입니다. ······

이 내용으로 볼 때 쑹칭링은 귀국 후 먼저 쑨원을 만나려고 한 것을 알 수 있으며 그 개인적인 편지의 내용은 "혁명을 돕고 싶다"는 것이었던 것으로 짐작된다. 그런데 쑹칭링은 귀국하기 위해 미국을 떠날 때까지도 혁명의 좌절로 인해 그녀의 가족들이 심각한 어려움을 당하고 있음을 알지 못했다. 쑨원의 혁명 계획이 위안스카이袁世凱·원세개, 1859~1916에 의해 수포로 돌아가자, 특히 혁명 자금 조달 역을 도맡았던 아버지 쑹자수는 쑨원과 함께 일본으로 망명해 언니 쑹아이링과 도쿄에서 생활하고 있었으며, 쑹아이링은 그 당시 쑨원의 영문 비서로 일하고 있었다. 쑹칭링은 1913년 8월 29일 일본에 도착해 아버지와 언니를 만나 기쁨을 나누고 다음 날 쑨원의 집을 방문했다. 이는 10여 년 만의 쑨원과의 재회였는데 이 재회는 혁명 영웅과 그를 동경하는 추종자의 관계로 시작되었다.

쑹칭링은 9월에도 여러 번에 걸쳐 쑨원을 만난 다음 10월에 일단 중국으로 귀국했다. 쑹칭링은 쑨원에게 혁명 활동을 돕고 싶다는 의사를 표시했고 실제로 일본과 중국을 몇 번이나 왕복하면서 언니와 함께 쑨원을 도왔다. 1914년 3월 말쯤 쑹칭링은 언니와 함께 병을 앓고 있는 쑨원을 방문했다. 이런 과정에서 그녀는 쑨원의 활동 내용뿐만 아니라 그의 인품과 생활 방식 등 그에 대한 많은 것을 알게 되었으며, 차츰 쑨원에 대한 연민과 존경의 마음이 깊어졌다.

이렇듯 쑨원에 대한 쑹칭링의 감정이 조금씩 자라고 있을 때 두 사람의 사이가 급속도로 가까워질 일이 생긴다. 그해 6월 쑨원은 망명지 도쿄에서 중화혁명당을 결성하고 총리에 취임했으며, 9월에는 중화혁명당 선언을 발표했지만 중국에서 위안스카이의 횡포는 심해지고 있었다. 이즈음 언니 쑹아이링은 미국에서 오벌린 대학과 예일 대학교를 졸업하고 당시 일본 YMCA의 총간사로 있던 쿵샹시孔祥熙·공상희, 1880~1967와 결혼하게 되어, 언니가 하던 쑨원 영문 비서의 역할을 쑹칭링이 맡게 되었다. 영어에 능통한 개인 비서로 쑨원 곁에 있게 된 쑹칭링이, 혁명에 대한 열정과 쑨원에 대한 존경심을 사랑의 감정으로 바꾸는 데까지 그리 오랜 시간이 걸리진 않았다.

✝ 그는 나를 필요로 하고 있어

쑹칭링은 그녀를 필요로 한다는 쑨원의 얘기를 진지하게 받아들였다. 쑨원은 정치적으로나 개인적으로나 한창 시련을 겪던 시기에 젊고 이상주의적이며 능력 있는 미모의 쑹칭링과 함께 많은 날들을 보내게 되었다. 쑹칭링에게 쑨원은 자신이 중국 미래에 기대하고 있던 모든 것을 상징하는 존재나 다름없었다.

이후에 쑨원은 인생에서 실로 절망 상태에 처해 있던 자신에게 그 같은 위안이 예기치 않은 모습으로 찾아왔다고 회고했다. 그는 미국에서 막 대학을 졸업하고 돌아온 매력적인 젊은 여성의 자태에서 중국의 선명한 '근대'를 보게 되었던 것이다

쑨원은 충실한 협력자들에게 자신의 모든 경험과 사상을 전수하는 지도자였다. 그는 쑹칭링을 신뢰해 일상적인 일뿐만 아니라 비밀 통신 문서의 처리도 맡겼다. 쑹칭링 또한 중국에서 일어나는 갖가지 사건과 문제들에 대한 쑨원의 끊임없는 비평을 통해 조국의 혁명에 대해 많은 것을 배울 수 있었고, 세계정세에 관한 그의 의견을 듣기도 했다.

당시 쑹칭링으로서는 어린 시절부터 꿈꾸어왔던 일에 종사하고 있었던 만큼 과거 그 어느 때보다도 행복했다. 쑹칭링은 1914년 11월, 동생 쑹메이링에게 보낸 편지에서 다음과 같이 쓰고 있다.

나는 중국을 도울 수 있고 또 쑨원 박사도 도울 수 있단다. 그는 나를 필요로 하고 있어.

젊은 쑹칭링은 역경에 직면했을 때 보이는 쑨원의 강인한 인내력에 깊은 감명을 받았다. 훗날 그녀는 "그는 온몸이 강인함으로 가득 차 있었다"고 회상했다.

쑨원의 불행은 쑹칭링의 마음을 깊숙이 움직였다. 그녀는 그의 오랜 경험과 정치적 원칙, 현실의 과제 등에 관한 이야기들을 고스란히 흡수했다. 쑹칭링에게 있어서 쑨원은 단지 전설적인 영웅이었을 뿐만 아니라 대단히 절친한 가족의 친구이기도 했다. 쑹칭링은 어릴 때부터 쑨원을 선생님이며 따라야 할 본보기로 생각해왔다.

한편 쑨원은 쑹칭링의 쾌활한 젊음으로부터 생기를 되찾고 긴장을 풀었다. 쑨원의 일상 업무는 그녀의 어학력 및 효율적인 사무 능력과 빠른 이해력으로 수월하게 처리되었다. 그때까지 쑨원은 영문 타자를 스스로 치곤 했으나 이제 타자뿐만 아니라 영문 편지나 성명서의 초안도 쑹칭링에게 맡길 수 있게 되었다. 그래서 쑨원은 새로운 에너지를 가지고 좀 더 큰 문제에 몰두할 수 있었다.

점차적으로 쑨원은 쑹칭링에게 정치적으로 지하 활동을 하는 데 필요한 기술이나 주의 사항을 전수했다. 그녀는 비밀 편지를 암호로 쓰고, 암호문을 해독하고, 보이지 않는 잉크로 글을 쓰고 해독하며, 시간을 지키는 일, 정확함과 정밀함의 중요성, 불필요한 모든 서류의 즉각적인 처리의 필요성 등에 대해 열심히 배웠다. 사랑이란 어떤 사람을 몹시 아끼고 귀중히 여기는 마음이다. 쑨원의 곁에서 그의 모든 일을 돌보고 있던 쑹칭링의 마음은 영웅 숭배에서 이성에 대한 사랑으로까지 심도 있게 변해갔다.

1914년 11월에 건강이 나빠진 쑹칭링의 부모가 상하이로 돌아간 후 쑹칭링은 그들을 보살피기 위해 뒤따라 귀국했다. 쑹칭링은 이듬해 3월 도쿄로 가 쑨원을 다시 만날 때까지 3개월 동안 상하이에 머물렀다. 쑨원은 그간에 상하이의 쑹칭링에게 등기 우편을 보내곤 했다. 그리고 6월 하순 이후 쑹칭링은 도쿄로 와서 자주 쑨원을 만났으며 이후 다시 상하이로 가는 배를 탔다. 그들이 결혼에 대한 계획을 논의한 것은 이 수주일 사이였다고 보인다.

당시 쑨원이 어떻게 쑹칭링에게 청혼했는가에 대한 재미난 일화가 있다. 두 사람은 랴오중카이廖仲愷·요중개, 1877~1925, 후한민胡漢民·호한민, 1866~1936, 다이지타오戴季陶·대계도, 1891~1949 등과 함께 일본의 온천 휴양지에 있는 언덕을 올라가고 있었다. 젊고 발 빠른 쑹칭링은 바짝 뒤따른 쑨원과 함께 맨 먼저 정상에 도착했다. 그다음 랴오중카이가 뒤따라 왔는데 쑨원은 그에게 따라오지 말라고 손짓을 했다. 그 손짓의 의미를 알아챈 랴오는 다른 사람들을 멈추게 했다. 드디어 쑨원과 쑹칭링이 내려왔을 때 둘 다 미소를 짓고 있었다. 그들은 여기서 이미 결혼 결정을 내렸던 것이다.

쑨원이 본부인과 이혼하고 쑹칭링과 결혼하려 한다는 소문이 퍼지자 협력자들로부터의 반대가 잇달았지만, 쑨원은 무장 거사를 결심했을 때보다 더 단호했으며, 결혼을 만류하는 자들에게 일갈했다.

그녀와 결혼할 수만 있다면 나는 다음 날 새벽에 죽어도 후회하지 않겠다. 나는 당신들과 천하 대사를 의논하지 사사로운 가정 문제는 의논하고 싶지 않다. 나는 신이 아니다. 당신들과 똑같은 사람이다.

쑨원과 쑹칭링의 사랑이 단순히 불꽃만 튀는 열정에 머문 것이 아니라 정식 결혼을 위해 이혼이라는 험난한 과정을 거쳐야 할 만큼 진중했음을 짐작할 수 있다.

✝ 결혼을 향한 강철 같은 의지

쑨원은 이혼에 대한 본부인 루무전盧慕貞·노모정, 1867~1952의 동의를 구하기 위해 측근인 주줘원朱卓文·주탁문, 1875~1935을 마카오로 보냈다. 그들은 1885년 두 사람 모두 10대였을 때 전통적인 관례에 따라, 부모가 정해주는 대로 서로 얼굴도 보지 않은 채 결혼했다. 그렇게 30여 년을 부부로 지내온 그녀에게, 쑨원은 자신이 누구와 결혼하려 하며 왜 결혼하려 하는지 그 이유를 써보냈다. 의외로 루무전은 쑨원의 재혼에 동의했다.

쑨원의 술회에 따르면, 루무전은 중국어를 쓸 줄도 영어를 말할 수도 없으며 또한 전족 때문에 쉽게 걸을 수도 없어서, 쑹칭링이 하는 것처럼 쑨원을 도울 수 없으므로 결혼해도 좋다는 뜻을 전했다고 한다. 루무전에게 있어서 쑨원의 혁명 활동은 도저히 이해할 수 없는 것이었고 전적으로 원하지 않는 것이었다. 쑨원의 활동은 두 사람의 자녀인 아들 쑨커

孫科·손과, 1895~1973(쑹칭링보다 두 살 위였다)를 비롯한 1남 2녀의 생존 그 자체를 위협하는 것이었다. 그녀는 남편의 정치 세계에 대해 기쁨보다는 불안함을 더 많이 느꼈다.

그래서 루무전은 쑨원의 사상과 활동, 그리고 위험한 생활에 더 적합하며 그가 가는 곳마다 함께 가서 같이 활동하며 돌보아줄 수 있는 새 반려자를, 쑨원이 발견해 맞이하려는 것에 대해 동의했다. 그러나 루무전은 왜 이혼까지 해야 하는지, 왜 쑨원의 새 배우자는 두 번째 부인, 즉 첩이 될 수 없는 것인지는 이해할 수 없었다. 옛 중국의 전통에서 첩은 결코 불명예스러운 위치가 아니라 완전히 정당한 것이었으며 때로는 본처가 첩을 선택할 수도 있었던 것이다. 그러나 현대적 관념을 가진 쑨원에게 첩 제도는 자신이 싸우고 있는 중국의 후진성 가운데서도 가장 상징적인 악습이었다. 더군다나 미국에서 교육받은 젊은 쑹칭링에게 그것은 용납될 수 없는 것이었다. 그럼에도 불구하고 쑨원의 혁명 사업을 돕기 위해 쑹칭링은 기꺼이 개인적 희생을 감내하려고 했지만, 쑨원은 그렇게 하는 것을 단호히 거절했다.

루무전이 도쿄로 와서 쑨원과 만났을 때, 이혼 문제는 우호적으로 이야기되어 도쿄의 저명한 변호사 와다 미츠오和田瑞가 작성한 서류에 양쪽 모두 서명했다. 쑨원은 루무전과 이혼한 후에도 그녀와 자식들을 끝까지 양심적으로 잘 돌보아주었다고 한다. 몇 달 후 와다 변호사는 쑹칭링과 쑨원의 결혼 서약서를 작성함과 동시에 입회인이 되었다.

한편 쑹칭링과 쑨원은 그녀의 부모에게 그들의 결합에 동의해달라고

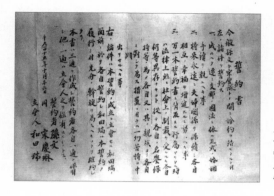

1915년 10월 26일 결혼한 다음
날 작성된 두 사람의 결혼 서약
서로 와다 변호사의 서명을 볼
수 있다.

청하기로 결심했다. 하지만 쑹칭링이 상하이에 도착해보니 양친은 그녀를 부유하고 젊은 기독교 신자와 약혼시키려는 계획을 가지고 있었다. 쑹칭링은 태어나서 처음으로 부모님에게 반항하며 쑨원 박사와 결혼하지 않으면 누구와도 결혼하지 않겠다고 선언했다. 양친은 그러한 항의에 격분했지만 쑹칭링은 꿈쩍도 하지 않았다.

양친의 입장에서는 혁명가로서는 쑨원을 존경한다 해도, 그렇다고 자신들의 딸을 쑨원에게 시집보낼 수는 없는 일이었다. 그러다가 쑹칭링은 양친과의 논쟁 중에 기절했고, 정신을 차려보니 자신의 방에 감금된 상태였다. 이때 쑨원은 쑹자수에게 등기 우편을 보내고 쑹칭링에게 전보를 쳤지만, 가족들의 첨예한 갈등이 계속되고 있어서 쑹칭링은 마음대로 움직일 수가 없었고, 편지를 쓰거나 받을 수도 없었다.

1915년 10월, 쑨원은 쑹칭링을 상하이에서 일본으로 데려오기 위해 주쥐원을 급파했고, 가까스로 쑹칭링과 만날 수 있었다. 쑹칭링이 부모님에게 편지를 남기고 몰래 집을 떠났기 때문이었다.

이 탈출은 나중에 《로미오와 줄리엣》에 나오는 "발코니와 사다리"의 극적 장면처럼 낭만적으로 회자되었지만 쑹칭링에 의해 확인된 사실은 아니다. 오히려 외관상의 연약함과 내면의 섬세함, 그리고 모든 외부적 장애에도 불구하고 쑨원과의 결혼을 향한 쑹칭링의 의지가 강철 같았음을 보여주는 사례다.

✝ 혁명의 이상과 애정의 이상이 결합한 결혼

1915년 10월 24일, 쑹칭링은 일본으로 되돌아왔고 바로 다음 날인 10월 25일 그들은 결혼했다. 쑹칭링은 이때를 다음과 같이 회고했다.

> 쑨원이 혼자 역에 나와 있었다. 그는 나를 서구식 주택으로 데리고 갔다. 작고 예쁜 집이었다. 일본인 변호사에게 전화를 걸어 내가 도착했다고 알렸다. 다음 날 아침 입회인이 될 변호사 집에서 결혼식을 올렸다.

결혼 서약서는 도쿄 관계 당국에 등록하기 위해서 일본어로 작성되었다. 이 신혼부부는 "장래 영원히 부부 관계가 존속될 것"을 서로 서약했고 결혼 사실은 공식적으로 발표되었다.

와다 씨의 집에서 결혼 의식을 마친 후 하객들은 일본의 결혼식에서 전통적으로 대접하는 팥죽을 마시고 결혼 축가를 불렀다. 쑨원과 쑹칭

두 사람의 결혼 사진. 쑹칭링과 쑨원이 찍은 사진에서 두 사람이 손을 잡고 있는 모습은 좀처럼 발견하기 힘들다.

링의 결혼 피로연에 하객으로 참석했던 랴오중카이의 딸 랴오멍싱廖夢醒·요몽성, 1904~1988은 훗날 "그녀는 매우 아름답고 아주 날씬했으며 대단히 조용한 모습으로 퍽 인상적이었다"라고 결혼식에서의 쑹칭링의 모습을 회상했다.

　격식을 제대로 갖추긴 했지만 실상을 알고 보면 초라한 결혼식이었다. 하객이 거의 없었기 때문이다. 다들 연락은 받았지만 참석하기를 껄끄러워했다. 일본인 친구들 외에 중국인이라곤 랴오중카이 부부와 천치메이陳其美·진기미, 1878~1916가 전부였다. 사람들의 마음속엔 쑨원의 본처였던 조강지처 루무전과 측실이었던 천추이펀陳粹芬·진수분, 1873~1960이 눈에 어른거려서, 축하해주고 싶은 마음이 생기지 않았던 것이다. 천추이펀은 쑨원이 임시 대총통에 취임하기 직전까지 거의 20년 가까이를 그의 측실로 지냈으며, '쑨원의 부인' 대접을 받던 홍콩 여인이었다. 사람들은 가슴을 치며 이렇게 말하기도 했다.

일본, 베트남, 말레이시아, 싱가포르, 어디건 쑨원이 가는 곳에는 천추이펀이 있었다. 혁명 동지들의 밥과 빨래며 온갖 위험하고 궂은일을 도맡아 했다. 늘 싱긋이 웃던 천추이펀을 생각하면 복장이 터진다.

그런데 천추이펀은 1912년 중화민국이 성립되자 스스로 물러났다. 다음과 같이 말하며 쑨원 곁을 떠났던 것이다.

나는 쑨원과 '반청反淸'을 같이 했고, 중화민국을 건립했다. 나의 나라를 구하고 백성을 구하려는 바람은 이미 달성되었다. 나 자신은 출신이 빈한 貧寒하고 아는 것이 적어 스스로 물러나기를 원한다. 쑨원이 나를 버린 것은 아니다. 그는 나에게 매우 잘해주었고, 나를 배신하지 않았다.

우여곡절 끝에 결혼식이 치러진 후에도 연로한 쑹자수 부부는 쑨원과 쑹칭링의 결혼을 취소시키려 노력했다. 쑹칭링은 훗날 자서전 집필을 부탁했던 이스라엘 엡스타인Israel Epstein, 1915~2005에게 당시의 상황을 이렇게 술회하고 있다.

부모님은 나의 작별 편지를 읽고서는 다음 배로 도쿄로 오셨어요. 그리고 남편을 떠나 중국으로 돌아가자고 나를 설득시키려 했죠. …… 어머니는 흐느끼셨고, 간염으로 건강이 악화된 아버지는 애원을 했어요. 심지어 아버지는 호소하기 위해 일본 정부에도 가셨어요. 내가 나이가 아직 어리고 결혼을 강요당했다고 말하셨어요. 물론 일본 정부는 개입할 수 없었어요. 부모님은 슬픔에 가득 찼지만 나 또한 비통하게 울었어요. 나는 남편을 떠나기를 거절했어요. 반세기도 전에 일어난 일이지만, 여전히 몇 달 전에 일어난 것처럼 느껴져요.

쑹칭링이 80세가 넘었을 때 말한 것이지만 그녀의 마음에 얼마나 그 상처가 깊었는지를 보여주는 대목이다. 이들의 결혼이 남긴 결과는 이 두 사람의 결혼을 반대한 쑹칭링의 아버지가 쑨원 후원자의 위치에서 물러나 앉게 되었다는 사실이다. 쑹칭링의 부모님은 쑨원과 결별하고 쑹칭링에게 '부모·자식 간의 관계 의절'을 선포하긴 했으나, 몇 개월 후 신혼부부에게 선물하는, 전통적인 '백 명의 아들百童子'을 수놓은 누비이불을 준 것을 통해 쑹씨 부부가 결혼을 인정하는 데 오랜 시간이 걸리지 않았음을 알 수 있다. 처음에는 화가 났지만, 이 노부부는 쑨원의 애국심과 정치적 성실성에 대한 존경과 지지를 가지고 있었다. 그리고 무엇보다 딸에 대한 그들의 사랑에 변함이 없었던 것이다. 쑹자수는 그 이후 암으로 2년을 더 살지 못하고 사망했다.

나중에 미국의 신문 기자 에드거 스노가 "도대체 어떻게 쑨원 박사와 연애했습니까?"라고 물었을 때 쑹칭링은 다음과 같이 대답했다.

연애라기보다는 멀리서 바라보는 영웅 숭배였습니다. 집에서 도망해 그를 위해 일한 것은 로맨틱한 여자의 생각이었습니다. 그래도 그것은 잘 생각한 일이지요. 나는 중국을 구하고 돕고자 하는 마음이었습니다. 쑨원 박사만이 그것을 할 수 있는 유일한 인물이었습니다.

자신의 결혼이 혁명의 핵심에 가까이 가기 위한 것이었으며, 혁명의 이상과 애정의 이상이 결합한 것이었음을 말하고자 한 것이었다.

✝ 혁명의 핵심에 가까이 가다

용기 있는 사랑은 사랑하고픈 사람과 나누는 사랑이고, 영원한 사랑은 마음이 합치된 사랑이며, 끝없는 사랑은 죽음에 이르러서까지 나누는 사랑이다. 이와 같이 쑹칭링에게 사랑과 연애, 그리고 결혼과 혁명은 분리될 수 없이 하나였다. 또한 쑨원으로서도 참다운 가정생활의 시작이자, 동료이며 협력자인 동시에 연인을 얻은 것이었다.

쑹칭링은 훗날, "우리의 정적들은 쑨원이 아내가 여전히 있는 상태에서 결혼을 했다고 우리들을 매우 비난했다"고 했다. 그녀는 또한 두 사람이 결혼 전에 함께 살았다고 하는 얘기도 "전혀 거짓말"이라고 말했다. 물론 두 사람의 연애 감정은 쑨원이 아직 유부남일 때부터 시작된 것이 사실이지만, 조강지처인 루무전은 멀리 중국에 있었고 사실상 부부로서의 유대감이 없었기 때문에 불륜이라고 폄하하는 것은 공정하지 않은 것 같다. 오히려 천추이펀과는 달리 쑹칭링과는 정식으로 결혼했다는 점에서 두 사람의 사랑이 얼마나 진중했던 것인지 짐작할 수 있다.

결혼 이후 쑹칭링은 쑨원의 배우자로서 또 동지로서 어디를 가든지 그와 함께 다녔다. 이것은 그 당시의 중국이나 일본에서는 보기 드문 일이었다. 이러한 모든 경험은 쑹칭링에게 두 가지 영향을 끼쳤다. 하나는 인신공격이 어떻게 정치적 의도를 가지고 행해지는가 하는 것을 이해하게 되었다는 것이고, 또 하나는 중국 체재 외국인 선교사들이 갖고 있는 편협성에 대해 강한 혐오감을 갖게 되었다는 것이다. 쑹칭링은 선교사들에 대해서 이렇게 회상하고 있다.

> 시대에 역행하고, 보수적이며, 이혼한 남자와 결혼한 나를 맹렬하게 공격했다. …… 독실한 감리교 신자인 나의 부모님을 만나서는 일본까지 뒤쫓아 가서 나를 설득하라고 했다.

이후 쑹칭링과 쑨원은 어떠한 종교도 갖지 않았으며 선교사들 또한 신뢰하지 않았다. 사실 쑹칭링의 긴 생애 동안에 그녀가 누군가로부터 그녀의 정치적 입장에 반대해 개인적으로 모함을 받는 경우, 쑨원과의 결혼에 관한 것이 여러 번 정치적 무기로 사용되었다.

27년이라는 큰 연령 차이, 쑨원의 첫 번째 부인과 3남매, 그리고 쑹칭링 부모의 강력한 반대와 주변의 수많은 수군거림 등으로 인해 처음에는 스트레스가 많고 괴로운 면이 있긴 했지만, 쑨원과 쑹칭링의 결혼 생활은 대체로 편안하고 행복했다. 결혼 후 얼마 되지 않아 쑹칭링이 미국 친구 애니에게 써 보낸 편지에서, "결혼식 자체는 가능한 한 검소하게 했고, 우리 모두 예식 같은 것은 좋아하지 않았다"라고 얘기하며, 결혼 생활 초기에 대해서 다음과 같이 감상을 말하고 있다.

> 난 행복하단다. 그리고 그이의 영문 편지 쓰는 일을 되도록 많이 도와드리려고 노력하고 있어. 나의 프랑스어 실력은 대단히 향상되어서 프랑스어 신문을 쉽게 읽을 수 있게 되었어. 또 한눈에 간단하게 번역할 수도 있단다. 그래서 나에게 있어 결혼 생활은 괴로운 '시험'이 없다는 것만 빼고는 학교에 다니는 것과 마찬가지라고 네가 말할지도 모르겠구나.

쑹칭링이 나이가 들고 난 후 일본에서의 결혼 초기 몇 달을 다음과 같이 회상하고 있는데, 둘의 당시 결혼 생활을 엿볼 수 있게 한다.

> 도쿄에 있는 우리 집에는 많은 지도가 걸려 있었고, 남편은 많은 책들을 가지고 있었다. 매일 저녁 그가 즐겨하는 일은 중국 지도를 보면서 광산이나 철도의 위치를 그려나가는 것이었다. 한편 나는 그에게 마르크스나 엥겔스의 책, 그리고 과학자들의 책이나 해브록 엘리스Havelock Ellis, 1859~1939(영국의 수필가·여성 운동가), 업튼 싱클레어Upton Sinclair,

1878~1968(미국의 소설가) 같은 작가의 작품들을 읽어주었다.

쑹칭링은 또 다른 편지에서 결혼 생활에서 유일하게 힘든 부분이 내성적이고 부끄러움이 많은 자신이 너무 자주 공개 장소에 나가야 되고, 자신에 대해 날조된 내용이 신문에 보도되는 일이라고 말했다. 이 글들은 쑹칭링이 결혼 생활 초기에는 다소 긴장했지만 그 후에는 상황에 적응했던 것을 말해주고 있다. 초기 결혼 생활은 쑹칭링이 몇 번이나 회상한 것처럼 그녀에게 있어서는 스승과 제자 사이의 관계와 같은 시기였으므로, 그녀는 이 시기를 "도제 시기"라고도 표현했다. 주위의 반대를 무릅쓸 정도로 열정적인 사랑이었지만, 적지 않은 나이의 차이와 중국 혁명의 상징인 쑨원이라는 존재는, 단순한 연애의 대상을 넘어 인생의 멘토일 수밖에 없었다. 쑹칭링이 남편 쑨원을 스승으로서 존경한 것은 일생 동안 계속되었다. 구국이라는 두 사람의 공동의 이상으로 세대 차의 간격을 메울 수 있었으며, 혁명 투쟁 속에서 서로를 평가하고 재발견했던 것이다.

쑨원과의 결혼 생활 10년은 쑹칭링에게 정치를 익히고 혁명을 배우는 중요한 과정이었다. 그녀는 쑨원 만년의 중요한 시기에 정치적으로 중요한 문제를 함께 고민하고 같이 행동했다. 쑹칭링은 실제로 쑨원과 청년 운동가와의 사이에서 파이프라인pipeline과 같은 역할을 담당했고, 쑨원 만년의 정책이나 주의主義에 적지 않은 영향을 끼쳤다. 쑨원은 쑹칭링과 단 10년이라는 짧은 결혼 생활을 함께한 후 세상을 떠났지만, 쑹칭

링은 그의 사망 후 무려 60년에 가까운 세월을 남편 쑨원의 혁명 목적에 충실하며 굳건하게 살았다.

✛ 생이 다할 때까지

1916년 4월 제3혁명이 진행되는 가운데 쑨원은 쑹칭링과 함께 중국으로 귀국, 위안스카이가 죽은 뒤 베이양北洋·북양 군벌 정권과 맞서 광둥廣東 군정부를 세웠다. 쑹칭링은 주위의 비난이나 호기심과 싸워나가면서, 쑨원의 아내이자 동지로서 늘 그의 곁에 머물렀다. 1918년 쑨원이 군정부 내부의 모순 때문에 광둥을 떠나, 상하이에서 혁명 이론의 저작에 몰두하던 시기에는 자료 수집이나 원고 정리뿐만 아니라 강력한 조언자로서의 역할도 수행했다.

1919년 5·4운동을 시작으로 거대한 3파三罷 투쟁(상인·노동자·학생의 스트라이크)의 물결이 상하이까지 밀어닥치자 쑨원은 새로운 시대의 도래를 깨닫게 되었다. 이때 노동자·학생의 체포를 비난하는 내용을 담아 광둥 군정부에 보낸 쑨원의 전문電文 또한 쑹칭링이 작성한 것이었다. 쑹칭링은 1920년 말 다시 광둥에서 군정부를 조직하는 쑨원을 도왔으며, 1921년에는 허샹닝何香凝·하향응, 1878~1969 (랴오중카이의 부인)과 함께 광둥 여성계廣東女性界를 조직하고 장병 위로와 적십자 활동을 위해 전선을 돌아다녔다.

이렇듯 남편의 조력자로서 정치 활동에 매진한 쑹칭링의 눈물겨운 순애를 엿볼 수 있는 사건이 있었다. 1922년 광둥 군벌 천중밍陳炯明·진형명, 1878~1933의 반란 때, 쑹칭링은 자신이 쑨원의 탈출에 방해가 되지 않기 위해 쑨원과 함께 도피하지 않았고, 쑨원은 그녀를 위해 모든 경호원들을 남겨놓은 채 혼자 탈출했다.

쑹칭링은 "이 나라를 위해 필요한 사람은 당신"이라고 말하며 담대하게 쑨원만 먼저 탈출시키고, 혼자 남은 자신은 온갖 고난을 다 겪고 겨우 탈출할 수 있었는데, 이는 그녀의 용기를 보여준 사건으로 유명하다. 그러나 이때 쑹칭링과 쑨원의 유일한 자식이었던 아이가 유산되었으며, 그 후유증으로 쑹칭링은 안타깝게도 다시는 임신할 수 없었다. 그녀는 자신의 사랑을 이렇듯 몸과 마음을 다해 증명했다.

천중밍의 배반으로 인한 실패는 쑨원에게 강한 충격을 주었으며, 쑨원이 중국 국민당과 공산당의 연합인 국공 합작을 단행케 하는 계기가 되었는데, 중국 공산당과의 중요한 회담에는 줄곧 쑹칭링이 함께 참여하며 국공 합작에서도 중요한 역할을 담당했다. 1924년 1월 국공 합작을 정식으로 성립시킨 중국 국민당 제1차 전국 대표 대회에서는, 특별히 쑨원의 지시를 받은 쑹칭링이 덩잉차오鄧穎超·등영초, 1903~1992(저우언라이周恩來·주은래, 1898~1976의 부인) 및 허샹닝과 함께 참가했다.

국민당 개조 후 쑨원은 중국의 통일과 평화를 위한 국민 회의 개최를 요구하며, 베이양 정부의 수장인 돤치루이段祺瑞·단기서, 1865~1936와 회담하기 위해 1924년 11월 쑹칭링과 함께 베이징으로 향했다. 그런데, 일본을 거쳐 12월 말 베이징에 도착한 쑨원은 간암으로 인한 병세가 위중해져 입원하고 말았다. 이때 3개월의 투병 기간 동안 쑹칭링은 쑨원의 병상을 지키며 한 발짝도 곁을 떠나지 않고 침식도 잊은 채 병간호를 했다. 하지만 쑨원은 1925년 3월 12일 59세의 나이로 쑹칭링과 동지들에게 중국의 자유·평등을 위한 국민 혁명의 성취를 당부하며 서거했다.

쑨원은 타계하기 얼마 전에 슬퍼하는 부인 쑹칭링에게 "동지는 계속 혁명에 노력해주기를 희망한다"는 유언을 남겼다. 쑨원은 세 통의 유서를 남겼는데, 〈국민당에 대한 유촉遺囑〉, 〈가족에 대한 유촉〉, 〈소련에 대한 유촉〉이 그것이다. 그중 〈가족에 대한 유촉〉에서는 이런 말을 남겼다.

나는 국사에 진력하느라 가산을 다스리지 못했다. 남기는 서적, 의복, 주택 등은 모두 나의 아내 쑹칭링에게 주어 기념이 되게 하라. 나의 자식들은 이미 성장해 자립할 수 있을 것이다. 바라건대 각각 자애하고 또 나의 뜻을 이어갈 것을 유촉한다.

쑨원은 동지로서 혁명을 당부하는 말을 남김과 동시에 연인으로서 자신을 기억해주기 바라는 마음을 동시에 표현했던 것이다. 이러한 뜻을 받들 듯 쑹칭링은 쑨원의 사망 후 32세부터 88세로 세상을 떠날 때까지의 56년 동안을 과부로서 홀로 살았다. 쑨원의 기일에는 언제나 하루 종일 집에서 칩거하며 아무도 만나지 않고 남편을 추모했다고 한다. 이러한 쑹칭링의 행적은 그녀의 여생이 단지 쑨원에 대한 존경과 유지를 받드는 것을 넘어 사랑의 감정으로 지탱되었음을 보여준다.

✟ 생이 끝나서도 이어지는

통일 전선의 결성을 추진했던 지도자이자 남편이었던 쑨원을 잃고 난 뒤, 역사는 쑹칭링에게 이 사명을 이어갈 역할을 부여했다. 1925년 4월, 베이징에서 장례를 치르고 상하이로 돌아오자 중국의 상황은 반제국주의 노동 운동인 5·30운동의 고양으로 국·공 양당의 대립과 국민당 내의 분화가 두드러져갔다. 쑹칭링은 "제국주의 타도야말로 쑨원 선생 40년 동안의 목표였다"라고 역설하면서 전 국민에게 단결을 호소했다. 이때부터 쑹칭링은 쑨원의 부인이 아닌, 중국 혁명에 매진하는 여성 정치가로서의 삶을 시작한 것이다.

1926년 1월 중국 국민당 제2차 전국 대표 대회에서 쑹칭링은 중앙집행위원회 위원에 선출됨과 동시에 부녀부장으로 지명되었다. 1926년 11월 북벌군의 우한武漢·무한 공략과 더불어, 우한 정부(1927년 국민당 좌파와 공산당이 합작해 세운 임시 정부) 수립을 위해 쑹칭링은 우한으로 향했고 국민 정부도 그곳으로 옮겨갔다.

쑹칭링은 중국 국민당 여성 당무 훈련반의 주임으로서 1927년 2월 12일의 개교식에서 다음과 같은 연설을 했다.

> 여성은 남녀평등을 요구하기에 앞서 동성同性에 대해 평등해야 한다. 빈부귀천의 계급을 타파하고, 전국의 아니 전 세계의 여성과 단결해 혁명적인 일대 동맹을 만들어야 한다.

이러한 말은 쑹칭링이 쑨원의 혁명 노선을 온전히 계승한 것임을 드러내주었다. 쑨원 사후 쑹칭링은 주저앉지 않고 쑨원의 삼민주의와 반제국주의 노선을 견지하면서 독립된 혁명 정치가로서 자립했다. 그러나 장제스의 4·12 반공 쿠데타 이후 우한 정부의 붕괴로 이어진 반혁명적 사태에 직면해, 쑹칭링은 쑨원과 장제스 사이의 이념적 단절을 통감하고 국민 정부와 결별한 후 모스크바로 정치적 망명을 떠났다. 모든 쑹씨 집안의 사람들과도 정치적으로 결별한 쑹칭링은, 형제자매보다 남편 쑨원을, 그리고 궁극적으로 중국을 더 사랑한 여인으로 거듭난다.

춥고 암울한 모스크바의 생활은 괴로웠다. 쑹칭링은 당시 중국 혁명을 둘러싸고 격화된 스탈린파와 트로츠키파의 대립에서 혁명의 이면을 엿보게 되어 덩옌다^{鄧演達·등연달, 1895~1931} 등과 독일로 건너갔다. 1927년에서 1929년까지 쑹칭링은 유럽에 있었으며 거의 대부분의 시간을 베를린에서 보냈다. 거기서 쑹칭링은 장제스와 형제자매의 유혹을 뿌리친 채 혁명과 정치사상을 공부했다.

또한 이때부터 가장 자신에 걸맞은 활동, 즉 국제적 반제국주의·반전·반파시즘의 활동을 시작했다. 쑹칭링은 1927년 브뤼셀에서 열린 국제 반제 동맹에서 대회 명예 의장으로 선출되었으며, 로맹 롤랑·조지 버나드 쇼·앙리 바르뷔스·알베르트 아인슈타인 등 세계적 반전·반파시즘 인사들과 교류하며 국제회의에 참가했다. 쑹칭링은 중국과 서구의 국제 명사들과 두루 교류하면서 놀라운 우아함과 온화함, 견고한 원칙과 높은 용기, 여성적 아름다움과 국제적 교양 등을 발휘하며 국제 사회에 깊은 인상을 남겼다.

1931년 귀국 후 만주 사변 이래 일본의 중국 침략에 대한 국내 저항 운동과 국제적 반제국주의·반전·반파시즘 활동과 연계해 반장^{反蔣} 민권 운동 및 항일 민족 통일 전선 형성에 주력했다. 중일 전쟁이 끝난 후 국공 내전을 거치면서 장제스 국민당의 반민중적 정책에 반대해 쑹칭링은 마침내 중공^{中共} 정권 건설에 합류했다.

중화인민공화국 성립 후에는 국가 부주석과 전국부녀연합회 명예 주석 등 정부 요직을 역임하며 여성과 아동을 위한 평화 복지 사업에 헌신했다. 쑹칭링이 중공을 선택하게 된 것은 당시 중국의 유력한 정치 세력

1956년 10월에 중화인민
공화국의 수뇌부들과 함
께 있는 쑹칭링의 모습.
왼쪽부터 장원톈·마오
쩌둥·쑹칭링·저우언라
이·천이.

으로는 국민당과 공산당이라는 좌우의 양자택일의 여지밖에 없는 상황
속에서, 중공이 장제스의 국민 정부보다 대중적 반제 사회 혁명에 더 접
근해 있다고 생각했기 때문이었다.

국민당 정권에 대한 비판 세력이었던 쑹칭링을 비롯한 각 민주 당파
지식인과 학생들은 정권 기반의 민주적 확충을 요구했다. 하지만 국민
당 정권은 이러한 요구를 수용해 정권 자체를 개조하기에는 너무나 많
은 약점과 모순을 안고 있었다. 그리하여 결국 각 민주 당파는 중공에
합류할 수밖에 없었던 것이다.

쑹칭링은 쑨원주의孫文主義로부터 사회주의로 사상적 전이를 경험하게
되었는데, 이 두 가지 서로 다른 사상을 결합시킨 기본적 사고는 청년
시기부터 만년까지 그녀 사상의 저류가 되었던 민족·민주·박애 사상이
었다. 이것은 그녀의 민권 운동·여성 운동·사회 복지 활동까지 포괄하

고 있었다. 결국 쑹칭링은 정치적 상황에 따라 사상을 전향했다기보다는, 자신이 처음부터 중요하게 생각해오던 민족·민주·박애 사상을 가장 잘 구현할 정치 세력을 선택했던 것이다.

쑹칭링은 1981년 5월 29일에 88세를 일기로 그 생애를 마쳤다. 중화인민공화국 부주석, 정치협상회의 위원, 중화전국민주부녀연합회 명예주석, 중국인민구제총회 주석 그리고 죽음에 임해서는 중화인민공화국의 명예 주석으로 추서追敍되면서 생을 마감했다. 본인의 간절한 희망에 따라 쑨원 곁에 묻히지 않고, 만국 공묘에 잠들어 있는 부모의 무덤 아래에 나란히 묻혔다. 평생 쑨원에 대한 연모가 변하지 않음을 보여준 그녀였지만, 너무도 거대한 쑨원의 곁에 묻히길 거부한 것을 보면 그녀에게 쑨원이 어떤 존재였는지 다시금 생각하게 된다.

쑹칭링은 민족 해방을 이루기 위해 용감하게 싸워나간 혁명 정치가였다. 또한 빈민 구제와 복지 사업에 몰두한 사회 활동가였고, 여성 해방의 제창자였으며, 아울러 세계 평화 운동의 지도자였다.

쑹칭링은 당면한 시대의 과제에 따라 민족주의·민주주의·박애주의를 구체적으로 실현하고자 했던 이상주의자로, 그녀가 사회주의의 길을 걸었던 것은 진정으로 대중의 편에 서서 다함께 잘사는 사회를 추구했기 때문이었다. 쑹칭링은 "인간은 이렇게 참되게 사랑하고 살아야 한다"는 어떤 보편적인 진리를 이성과 양심에 따라 용기 있게 실천해나간, 중국을 사랑한 여성 정치가였다.

왕이 국사를 보는 동안 마담 맹트농은 책을 읽거나 수를 놓았다. 왕과 대신은 큰 소리로 말했기 때문에 그녀는 두 사람 사이에서 오가는 모든 말을 다 들었다. 그녀가 말참견하는 경우는 드물었고 더군다나 결정적인 말을 하는 경우는 더욱 드물었다. 왕은 종종 그녀의 의견을 물었다. 그러면 그녀는 상당히 신중하게 대답했다.

루이 14세 & 마담 맹트농

김웅종

태양왕의
비밀 결혼

글쓴이 김응종

1955년 대전에서 출생했다. 1978년 서울대학교 서양사학과 졸업 후 1984년 프랑스 낭트 대학교에서 석사, 1987년 프랑스 프랑슈콩테 대학교에서 박사학위를 받았다. 1988년 이래 충남대학교 인문대학 사학과 교수로 재직 중이다. 충남대학교 평생교육원장, 인문대학장, 한국프랑스사학회 회장 등을 역임했다. 저서로는 《아날학파》, 《아날학파의 역사세계》, 《서양의 역사에는 초야권이 없다》, 《페르낭 브로델》, 《서양사개념어 사전》, 《관용의 역사 – 르네상스에서 계몽주의까지》 등이 있고, 역서로는, 《프랑스혁명사》, 《16세기의 무신앙 문제》, 《고대도시》, 《랑그도크의 농민들》, 《유럽은 어떻게 관용사회가 되었나 – 근대 유럽의 종교갈등과 관용실천》 등이 있다. 최근에는 프랑스 혁명기의 반혁명 운동에 대해 관심을 가지고 있다.

✝ 하느님이 짝지어주신 것을 사람이 나누지 못할지니라

서양 사회는 그리스도교 사회였고, 중세 이후부터 프랑스 혁명 전까지 그리스도교는 국교의 지위를 누리고 있었다. 그리스도교는 국가의 정치뿐만 아니라 사람들의 일상생활까지도 지배했다. 성性도 예외가 아니었다. 교회는 12세기부터 어떻게 본다면 가장 세속적이라 할 수 있는 결혼 문제에까지 적극적으로 개입하기 시작했다. 교회의 일곱 성사聖事 가운데 하나로 결혼이 지정된 것도 이 무렵이다. 교회는 "하느님이 짝지어주신 것을 사람이 나누지 못할지니라"라는 성경 말씀(《마태오의 복음서》 19장 6절)에 근거해 일부일처제·금욕·근친혼 배제라는 결혼 윤리를 확립했다.

교회는 '파문'이라는 무서운 무기를 가지고 있었기 때문에, 신자들은 교회의 명령에 따르지 않을 수 없었다. 이 점에서는 국왕도 예외가 아니었다. 실제로 교회는 국왕의 결혼 생활에도 개입해 교회의 뜻에 따르지 않는 국왕에게 파문을 선포한 적이 있었다. 그러나 국왕은 국왕대로 어려움이 있었으니, 그것은 왕국의 연속성을 확보하기 위해서는 '아들'이 절대적으로 필요했다는 점이다. 왕들은 왕비로부터 아들을 얻지 못했을 경우 종교와 정치의 두 지엄한 명령 사이에서 어떠한 해법을 찾았을까? 당시 교황으로부터 "매우 그리스도교적인 왕^roi très chrétien"이라는 명예를 부여받은 왕들은 어떻게 했을까?

결론부터 말하면, 세상일이 모두 그렇듯이 다 피해가는 방법이 있었다. 아들을 낳지 못하면 결혼이 '완성^consommation'되지 않은 것으로 인정되어 헤어질 수 있었다. 결혼이 성립되지 않았기 때문에 헤어져도 이혼이 아니었고, 그래서 교회의 결혼 윤리를 어기지 않은 것이 되었다.

근친은 미묘한 문제였다. 교회가 한창 힘이 강할 때에는 14촌까지를 근친으로 규정했다. 왕실은 결혼의 격을 맞추기 위해 다른 나라의 왕실에서 배우자를 찾는 경우가 많아 배우자 선택의 폭이 좁았고, 그래서 근친이 아닌 사람을 구하는 데 애를 먹었다. 실제로 왕과 왕비는 14촌 간이 아니라 4촌 간일 때가 많을 정도였다.

그렇지만 당시에는 교황의 허가를 얻으면 안 되는 일이 없었기 때문에 근친 간의 결혼이 불가능한 것은 아니었다. 왕실의 결혼은 대체로 사랑보다는 정치적 목적을 위한 결혼이었으므로 교황도 정치적 결정을 내려 쉽게 결혼을 허가했다. 그런데 이렇게 결혼하고도 왕 측에서 근친을 이유로 헤어질 것을 요구하는 경우도 있었다. 근친인 줄 모르고 결혼했다고 변명하면서 말이다.

근친혼은 애당초 결혼이 아니어서 이 역시 헤어져도 이혼으로 간주되지 않았고, 그래서 다시 결혼할 수 있었다. 근친 규정은 좋은 조건의 여자와 다시 결혼하고 싶은 왕에게는 편리한 도구였다.

간음의 경우는 남녀 간에 불평등하게 적용되었다. 왕비가 간음을 하면 왕비를 내쫓을 수 있었으나, 왕의 간음은 별 문제가 되지 않았다. 오히려 그렇지 않은 왕이 조롱거리가 될 정도였다. 그 유명한 마리 앙투아네트와 결혼한 루이 16세는 왕비밖에 몰랐기 때문에 세간의 비웃음을 샀다.

이렇듯 "매우 그리스도교적인 왕"도 교회의 결혼 규칙을 지켜야 했으나, 그것을 어겨도 사실상 큰 문제는 없었다. 실제로 왕들은 정식 왕비 외에도 정부情婦를 많이 두었으며, 사생아도 많았다.

정부가 가장 많았던 왕은 앙리 4세였다. 종교 전쟁 시대에 칼뱅파의 우두머리였으며 여섯 차례나 가톨릭과 칼뱅파를 오가며 개종했고, 프랑스 왕이 된 다음에는 낭트 칙령을 공포해 과거의 동지인 칼뱅파에게 신앙의 자유를 부여한 이 위대한 왕은, 놀랍게도, 33명이 넘는 정부를 둔 것으로 알려졌다. 그가 1610년에 암살당한 것도 정부의 집으로 가던 중에 일어난 일이었다.

반면에 성인聖人으로 시성諡聖된 루이 9세와, 프랑스 혁명 때 처형된 비운의 왕 루이 16세는 정식 왕비 외에 정부를 두지 않았다. 이들은 오로지 왕비에게서만 각각 11명과 4명의 자녀를 두었다. 이들이야말로 진짜 "매우 그리스도교적인 왕"이었다.

✞ 가톨릭교회가 정한 조건을 충족시킨 결혼

그렇다면 우리의 주인공인 태양왕Le Roi Soleil 루이 14세Louis XIV, 1638~1715
는 어떠했을까? 태양왕은 양쪽의 모습을 모두 보여주고 있어서 흥미롭
다. 그는 다른 왕들과 마찬가지로 국가 이익을 위해 사랑하는 사람과 눈
물 속에 헤어지고, 사랑하지도 않는 스페인의 왕녀와 정략적인 결혼을
했다. 사랑하는 사람과 결혼하지 못한 데 대한 반발이었는지, 그는 결혼
직후부터 정부를 거느리기 시작했다. 그러나 그는 왕비가 죽어 재혼할
때는 사랑하는 사람과 결혼했다.

마담 맹트농Madame de Maintenon, 1635~1719이 바로 그 사람이었다. 한 번
결혼한 적이 있는 45세의 루이 14세와 세 살 연상인 48세의 마담 맹트
농은 주위의 반대에도 불구하고 비밀리에 결혼식을 올렸다. 국왕은 공
인이기 때문에 사생활마저도 모두 공개해야 하는 것을 원칙으로 하던
사회에서, "짐이 곧 국가다"라는 말로 유명한 그 태양왕이 다른 사람의
눈을 피해 결혼을 해야 했던 것도 흥미로운 부분이다.

결혼식은 1683년 10월 9일 밤, 베르사유의 국왕 기도소에서 소수의
사람들만이 참석한 가운데 비밀리에 거행되었지만, 가톨릭교회가 정한
조건을 충족시킨 결혼이었기에 정식 결혼이었고, 두 사람은 하느님 앞
에서 정식 부부가 되었다.

하지만 마담 맹트농은 태양왕의 부인으로 공식 인정되지 않았으며,
공식 왕비가 되지도 못했다. 둘의 결혼은 아무런 공식 기록조차 남기지
못했다. 그것은 게르만법에서 말하는 부동 결혼不同結婚·mariage morganatique

1701년 무렵 루이 14세의 초상화. 루이 14세는 유럽의 군주 가운데 가장 오랫동안 재위했던 왕으로 기록되었다.

이었기 때문이다. 구체제의 신분 사회에서, 결혼은 동일한 신분 사이에서 이루어지는 것이 일반적이었으며, 군주의 경우에는 더욱 엄격했다. 루이 14세의 첫 번째 왕비인 마리테레즈 도트리쉬Marie-Thérèse d'Autriche, 1638~1683가 스페인 왕실에서 온 것처럼 왕실은 통상적으로 다른 나라의 왕실에서 배우자를 구했다. 그런데 마담 맹트농은 왕녀도 아니었고, 고위 귀족도 아니었다. 그녀는 몰락한 하층 귀족 집안 출신이었다. 그러니 루이 14세가 왕비가 죽은 지 3개월도 되지 않아 마담 맹트농과의 결혼 의사를 밝혔을 때 측근들이 반대한 것은 당연했다. 무엇보다도 국가적 망신거리였기 때문이다. 그러나 이 위대한 국왕은 국무 대신과 태자의 반대를 무릅쓰고 결혼을 강행했다.

✛ 감옥에서 태어나 거지에서 왕의 부인으로

마담 맹트농은 아버지 콩스탕 도비녜Constant d'Aubigné, 1585~1647와 어머니 잔 드 카르디야크Jeanne de Cardilhac, 1611~1652 사이에서 프랑수아즈 도비녜 Françoise d'Aubigné로 1635년에 태어났다. 아버지 콩스탕 도비녜는 랑드긴메르의 영주이며 기사였고, 할아버지인 아그리파 도비녜는 종교 전쟁 시대의 칼뱅파 장군이었으며 앙리 4세의 동료였다.

아버지 콩스탕은 할아버지와 달리 가톨릭으로 개종했고, 평생 불안정하고 방탕한 생활을 했으며, 생의 절반을 감옥에서 보냈다. 프랑수아즈가 태어난 곳도 감옥이었다. 당시 아버지 콩스탕은 반역 혐의로 감옥에 갇혀 있었는데, 어머니 잔은 남편을 따라 감옥으로 들어가 거기에서 셋째 프랑수아즈를 낳은 것이다. 이렇게 해서 프랑수아즈는 감옥에서 왕궁까지 극과 극의 삶을 살게 된다.

어머니 잔은 남편을 석방시키기 위해 수석 대신인 리슐리외에게 탄원했으나 허사였다. 잔은 딸을 자신의 종교인 가톨릭으로 세례시켰으며, 라로슈푸코 공작과 뇌이양 백작 부인이 각각 대부와 대모를 섰다. 그러나 프랑수아즈의 부모는 딸을 키울 형편이 못되었기 때문에 딸을 고모에게 맡겼다. 칼뱅파인 고모는 1638년부터 1643년까지 5년 동안 프랑수아즈를 양육했다. 프랑수아즈는 고모를 진짜 어머니로 여겼으며, 고모는 조카를 다섯 번째 아이로 여겼다.

1643년 수석 대신 리슐리외와 국왕이 죽은 후, 콩스탕은 감옥에서 풀려났고, 프랑수아즈는 부모에게로 돌아갔다. 콩스탕은 신천지인 아메리카로 갈 생각을 했다. 그는 수많은 계략을 꾸며 카리브 해의 앙티유 제도에 속한 마리갈랑 섬의 지사 임명을 얻어낸 후, 부인과 세 아이를 데리고 섬으로 갔다. 그러나 그는 섬에 도착하자마자 속았다는 것을 알았다. 누군가 이미 그 자리를 차지하고 있었던 것이다. 그는 가족을 섬에 남겨둔 채 혼자 프랑스로 돌아왔다. 섬에 남은 가족은 오두막집에서 칠면조와 돼지를 키우며 야채만 먹고 가난하게 살았다. 이곳에서 프랑수아즈는 "예쁜 인디언"이라는 별명을 얻었다.

그들은 1647년에 프랑스로 돌아왔다. 그러나 아버지 콩스탕은 이미 이 세상 사람이 아니었다. 그들은 거리로 나가 예수회 콜레주collège (중등학교) 앞에서 음식을 구걸하며 살았다. 프랑수아즈는 이때의 굴욕을 평생 잊지 못했다. 게다가 어머니는 프랑수아즈를 가난의 짐으로 여기며 박대했고, 어려서 양육을 맡아줬던 그 고모에게로 다시 딸을 보냈다. 프랑수아즈는 오히려 기뻐했고 안정을 찾을 수 있었다. 고모는 조카에게 프로테스탄트Protestant (신교) 교육을 시켰다.

그런데 프랑수아즈의 대모는 자신의 대녀가 프로테스탄트 교육을 받는 것에 분노했다. 그녀는 왕의 어머니인 안 도트리쉬의 도움으로 프랑수아즈의 보호권을 얻어냈고, 대녀를 강제로라도 가톨릭으로 돌려보내려 했다. 프랑수아즈는 니오르에 있는 우르술라 수녀원에 들어갔으며, 여기에서 만난 셀레스트 수녀의 영향을 받아 가톨릭으로 돌아갔다.

이렇듯 보호자들의 손에 의해 격변하는 삶을 살아온 그녀에게 자신의 삶을 살 수 있는 기회가 찾아왔다. 프랑수아즈는 17세가 되자 풍자 시인

마담 맹트농의 초상화.

인 폴 스카롱Paul Scarron, 1610~1660과 결혼했다. 남편은 42세였고, 얼어붙은 센 강에서 밤을 지낸 후유증으로 불구가 된 사람이었다.

결혼으로 마담 스카롱Madame Scarron이 된 프랑수아즈는 대단한 미인이었으며, 특히 매혹적인 눈을 가지고 있었다. 스카롱의 집에는 예술가들과 작가들뿐만 아니라 저명인사들도 많이 출입했다. 그들은 마담 스카롱의 미모와 재치에 매료되었다. 그중 몇 명은 마담 스카롱의 마음을 잡기 위해 열을 올렸는데, 심지어 폴 스카롱이 죽은 후 3년 동안 이들이 마담 스카롱의 정부로 지냈다는 소문도 돌았다. 그러나 마담 스카롱은 이들의 구애를 거부했으며, 충실한 아내의 이미지를 간직했고 주위 사람들의 존중을 받았다.

마담 스카롱은 남편의 죽음으로 결혼의 굴레에서 벗어났을 때 뛸 듯이 기뻐했다. 남편은 유산보다 빚을 두 배나 많이 남겼지만 그녀는 비로소 독립된 삶을 영유할 수 있게 되었기 때문이었다.

남편이 죽은 후, 25세의 마담 스카롱은 전에 잠시 머문 적이 있는 파리의 우르술라 수녀원으로 돌아갔다. 마담 스카롱은 자주 생탈브레에 있는 저택을 방문했고, 이곳에서 마담 외디쿠르와 마담 몽테스팡을 만났다. 마담 스카롱은 미모와 재기가 뛰어난 이 두 젊은 여인과 가까이 지냈다. 그녀는 더 큰 도약을 위해 숨을 고르듯 겸손하고 사려 깊은 이미지를 유지하며 조용히 살았다.

1668년, 마담 스카롱은 국왕의 애첩이 된 친구 마담 몽테스팡의 초청으로 궁정에 처음 모습을 드러냈다. 1669년, 행운의 여신이 마담 스카롱에게 미소를 지었다. 포르투갈 왕비의 시종 부인이 되지 않겠느냐는 제안을 받은 것이다. 그러나 마담 스카롱은 그 제안을 거절했다. 같은 해, 마담 몽테스팡은 국왕의 딸을 낳았다. 마담 몽테스팡은 남편 몰래 국왕의 아이를 키울 사람으로 마담 스카롱을 떠올렸다.

✞ 행운과 지혜를 발판 삼아 이룬 왕과의 정식 결혼

1년 후, 마담 몽테스팡은 두 번째 아이인 장래의 맨 공작을 낳았고, 아이들을 마담 스카롱에게 보냈다. 마담 스카롱은 이들이 왕의 아이라는 의심을 불러일으키지 않기 위해 장래의 마담 몽공인 루이즈 드 외디쿠르도 맡아 함께 키웠다. 이렇게 마담 스카롱은 왕의 사생아들을 키우며 왕과 만날 기회를 잡았다.

왕은 처음에는 마담 스카롱을 높이 평가하지 않았다. 그러나 마담 몽테스팡은 그녀가 믿을 수 있는 사람이라고 왕을 설득했다. 왕은 첫째 딸이 죽었을 때 마담 스카롱이 슬피 우는 것을 보고, '그녀는 사랑할 줄 아는구나. 그녀의 사랑을 받으면 행복하겠구나'라고 생각했다. 루이 14세는 옛날에 스페인의 왕녀와의 정략결혼으로 인해 헤어져야 했던 마리 만치니가 슬피 울던 모습이 생각났던 것일까? 1672년, 백생 공작이 태어나고 얼마 안 있어, 마담 스카롱과 사생아들은 보지라르 거리의 대저택으로 거처를 옮겼고, 왕은 아이들을 보러 자주 이곳을 찾았다. 이 무렵부터 왕은 그녀에게 관심을 갖기 시작했다.

1673년, 왕이 사생아들을 적자로 인정하자, 마담 스카롱은 그들을 따라 베르사유로 들어갔다. 이때까지도 마담 몽테스팡과 마담 스카롱은 세상에 둘도 없는 친구였다. 그녀들은 서로를 존중했으며, 서로 비밀을 터놓았다. 그러나 한 남자, 그것도 프랑스 왕을 사이에 둔 질투심이 끼어들면서 그녀들의 우정에 금이 가기 시작했다. 게다가 마담 몽테스팡은 마담 스카롱이 자기 아이들의 사랑과 신뢰를 독차지하는 것을 이해할 수 없었다. 특히 아들인 맨 공작이 자기보다 마담 스카롱을 더 좋아하는 것을 참을 수 없었다. 맨 공작은 장애자로 태어났기 때문에 특별한 관심과 사랑이 필요한 사람이었는데, 마담 스카롱은 그를 치료하기 위해 멀리 피레네 산맥 기슭에 있는 바래주 온천까지 자주 데리고 갈 정도로 그에게 극진했다. 마담 몽테스팡은 그녀를 떼어놓기 위해 가난한 공작과 그녀를 결혼시키려 했으나 뜻을 이루지 못했다. 마담 스카롱은 이미 마담 몽테스팡과 왕의 사랑을 다투는 경쟁자였기 때문이다.

마담 스카롱은 노후를 대비하기 위해 멋진 저택을 갖고 싶어 했다. 그녀는 왕으로부터 받은 연금을 가지고 맹트농에 있는 땅과 성을 구입했다. 왕은 그녀에게 맹트농 후작 부인이라는 작위를 부여했다. 그녀는 마담 맹트낭('지금'이라는 뜻)이라고 놀림을 받기도 했으나, 나쁜 기억이 배어 있는 스카롱이라는 이름을 벗어버린 것이 무엇보다도 기뻤다.

1675년, 마담 맹트농은 고블랭 신부와 보쉬에 신부의 도움을 받아 간음을 이유로 마담 몽테스팡을 국왕으로부터 떼어놓는 데 성공했다. 그러나 그것은 일시적인 성공이었다. 그들의 관계는 계속되었고, 두 아이를 더 낳았다. 마담 맹트농은 이 두 아이가 교회와의 맹세를 어기며 태어났다는 이유로 양육하기를 거부했다.

1679년, 사랑의 위기를 느낀 마담 몽테스팡은 왕과 마담 맹트농을 갈라놓기 위해 왕에게 18세의 젊은 여자를 소개해주었다. 왕의 마지막 애첩인 퐁탕주 공작 부인이다. 마담 몽테스팡은 왕이 백치미가 있는 이 여자에게 싫증을 느끼고 자기에게 돌아올 것으로 기대했으나, 뜻대로 되지 않았다. 왕은 이 젊은 여자에게 빠졌고, 마담 몽테스팡을 멀리했다.

1680년, 왕은 마담 맹트농을 마담 몽테스팡의 후견으로부터 해방시키기 위해, 그녀를 새로운 태자비의 의복 부인으로 임명했다. 마담 몽테스팡은 결정적으로 '독약 사건'에 연루된 혐의를 받고 추락했다. 마담 맹트농의 승리였다.

10세 무렵의 루이 14세.

이제 남은 사람은 왕비였다. 마담 맹트농은 현명했다. 그녀는 왕의 사랑을 확신했기에, 왕이 구원을 얻기 위해서는 왕비에게 돌아가야 한다고 조언했다. 왕비 마리테레즈는 "신神은 마담 맹트농을 통해 왕의 마음을 나에게 돌려주었다"며 좋아했다. 주변 사람들이 마담 맹트농을 의심하자, 왕비는 "왕은 그녀의 말을 들은 후 나에게 부드럽게 대해주었다. 이것은 전에 없던 일이다"라며 주위의 불신을 일축했다.

팔츠 왕녀인 오를레앙 공작 부인은 왕비가 죽기 직전에 마담 맹트농이 자기를 속였다는 것을 알았다고 말했다. 모든 것이 마담 맹트농의 전략이었던가? 팔츠 왕녀가 손위 동서에 해당하는 마담 맹트농을 "늙은 바보"라고 부르며 싫어했다는 것을 감안하면 그녀의 말 역시 액면 그대로 받아들이기는 어렵다.

1683년 왕비가 죽자, 왕은 마담 맹트농과의 관계를 공식화하는 문제에 대해 생각했다. 마담 맹트농은 마담 맹트농대로, 간음의 죄를 지으며 살 수는 없다고 말했다. 마담 몽테스팡에 의하면, 그것 역시 고도의 전략이었다. 어떻게 할 것인지 고민하는 왕에게 국왕 고해 신부인 라셰즈 신부는 결혼을 권했다. 1683년, 왕은 주위의 반대를 물리치고 마담 맹트농과 결혼했다. 비밀 결혼이었고 비공식 결혼이었지만, 정식 결혼이었다. 마담 맹트농은 왕의 정식 부인이 되었다. 그들은 이제 더 이상 죄를 짓지 않고 함께 잠자리에 들 수 있었다. 이와 함께 화려했던 태양왕의 애정 편력도 막을 내리게 되었다.

✝ 태양왕의 탄생

태양왕 루이 14세는 1638년에 태어나 1715년에 77세를 일기로 세상을 떠났다. 그는 1643년 5세의 나이로 왕으로 즉위해 1715년에 죽을 때까지 왕좌에 있었으니, 약 71년의 재위 기간은 프랑스의 왕들 가운데 가장 길고, 유럽의 왕들 가운데에서도 상위에 속한다. 그것을 단적으로 증명하는 것이 아들도 손자도 아닌 증손자가 왕위를 계승했다는 사실이다. 증손자 역시 5세의 나이로 왕위에 올랐다.

루이 14세의 통치 기간은 절대주의가 정점에 달한 시기였다. 절대주의는 "짐이 곧 국가다L'État, c'est moi"라는 말로 잘 표현된다(역사가들은 루이 14세가 이 유명한 말을 실제로 했다고는 생각하지 않는다).

루이 14세는 모든 권력을 독점했고, 교회·고등 법원·삼신분회 등의 견제에서 벗어나 혼자서 통치했으니, 굳이 "짐이 곧 국가다"라는 말을 할 필요가 없을 정도로 이미 온 나라가 그의 것이었다. 특히 1661년 이후 더욱 그러했다. 그해 루이 14세는 어머니 안 도트리쉬의 섭정과 수석 대신인 마자랭 추기경의 후견에서 벗어나 친정 체제를 구축했으며, 수석 대신을 두지 않고 직접 국정을 챙겼다.

1682년, 루이 14세는 어렸을 때 겪은 귀족들의 반란, 즉 프롱드 난의 나쁜 기억이 배어 있는 파리에서 베르사유로 수도를 옮겼다. 베르사유는 숲·운하·정원·분수 등을 아우르는 총면적이 2,400만 평, 궁전 건물의 면적만 2만 평에 달하는 거대한 공간이다. 궁전에는 방이 약 2,000개가 있었으며, 500여 명의 귀족과 4,000여 명의 하인이 거주했다. "베르사유 궁전에는 화장실이 없다"는 말이 떠돌아다니지만, 그것은 사실과 다르다. 궁전에는 방마다 화장실이 갖추어져 있었다. 화장실이 없어진 것은 프랑스 혁명 이후 궁전이 박물관으로 개조되면서부터이다. 지금은 화장실이 없지만 이전에는 있었던 것이다.

국왕에게 베르사유 궁전은 귀족들을 길들이는 학교나 마찬가지였다. 과거에 귀족들은 지방의 영지에서 마치 왕처럼 제멋대로 살았으나, 이제는 지방 살림을 청산하고 베르사유 궁전에 들어와 왕의 눈치를 보며 살게 되었다. 그들은 갑갑한 궁전에 살면서도 이전처럼 싸우지도 않았으며, 아무데서나 침을 뱉거나 용변도 보지 않고, 예의 바르고 세련되게 살아가는 방법을 배웠다. 노르베르트 엘리아스의 유명한 연구에 의하면, '문명화'되어간 것이다.

베르사유 궁전에서의 파티는 단순히 노는 것이 아니라 고도의 정치 활동이었다. 국왕은 이렇게 귀족들을 순화시키면서, 그들이 원래 가지고 있던 폭력성을 자신에게로, 곧 국가에게로 집중시켰다. '문명화'는, 역설적으로, 감추어진 폭력성을 국가 간의 전쟁으로 폭발시킨 것이다. 유난히 근대에 대규모 전쟁이 많았던 이유도 여기에 있다.

태양왕의 시대는 "전쟁의 시대"였다. 루이 14세는 재위 기간의 절반 가까이를 전쟁으로 채웠으며, 직접 전투에 참전하기도 했다. 태양왕의 30만 대군은 스페인·독일·네덜란드 등에서 끊임없이 싸웠고, 영토를 확장했다. 루이 14세는 프랑스의 패권을 확실히 다졌지만 전쟁 비용을 감당하기는 어려웠다. 전쟁과 세금에 지친 농민들은 전쟁하는 것보다 더 자주 반란을 일으켰다. 그러니 태양왕의 시대는 거꾸로 보면 농민 반란의 시대이기도 했다.

태양왕이 죽을 무렵 프랑스는 해골만 남은 상태였다. 임종을 앞둔 노왕老王은 5세의 어린 후계자에게 유언을 남기기를, "나는 전쟁을 너무 좋아했다"고 자책하며 "백성의 짐을 덜어주려고 노력해라"고 당부했다. 건축물에 탐닉하고 전쟁을 일삼았던 것에 대한 후회요, 반성이었다. 국가였던 '내'가 죽으니, '국가'도 죽을 운명이었다. 태양왕의 '위대한 시대'는 한 세기를 넘기지 못하고 프랑스 혁명으로 무너졌다.

✚ 왕의 연애

루이 14세는 호전적이었던 것만큼 호색적이었다. 그리스도교의 결혼 윤리도 태양왕 앞에서는 무력했다. 젊은 왕은 '국가'를 위해서 사랑하지도 않는 사람과 결혼했는데, 이렇게 원하지도 않는 사람과 결혼하는 것 또한 그리스도교의 결혼 윤리를 어긴 것이었다. 당시 젊은 루이는 1659년 스페인과의 전쟁을 종식시키는 피레네 조약을 체결한 후, 스페인 국왕 펠리페 4세의 딸인 마리테레즈와 결혼한다는 조항을 따라야 했다. 이 무렵 루이는 왕의 대부이자 수석 대신인 마자랭 추기경의 조카 마리 만치니를 진심으로 사랑했고 결혼하려고까지 했었지만 말이다. 조약을 위반하면 전쟁이 재개될지도 모르는 일이니 할 수 없었다. 루이는 어머니와 추기경의 반대를 물리칠 수 없었다. 국왕으로서 국가의 평화를 위해 개인의 사랑을 희생해야 했던 것이다. 극작가 라신 Jean Racine, 1639~1699 은 국왕의 비극적 연애에서 힌트를 얻어 《베레니스 Bérénice》(1670)를 썼다.

루이 14세와 마리테레즈는 이중으로 사촌 간이었다. 루이의 아버지와 마리테레즈의 어머니는 형제간이었고, 루이의 어머니와 마리테레즈의 아버지 역시 형제간이었던 것이다. 둘은 근친이어서 근친혼을 인정하지 않는 가톨릭교회의 교리에 위배되지만, 교황의 허가를 얻어 결혼했다. 교회의 결혼 윤리에 맞는 사람과는 정치적인 이유로 결혼할 수 없었지만, 교회의 결혼 윤리에 어긋나는 사람과는 교회의 허가를 얻어 결혼한 셈이다.

정치적인 결혼이었기 때문에 왕과 왕비 사이에는 사랑이 없었지만 둘

1660년에 거행된 루이 14세와 마리테레즈의 결혼식.

사이의 생물학적 결합에서 아들 셋, 딸 셋이 태어났다. 그런데 불행히도 큰아들 루이 드 프랑스Louis de France, 1661~1711를 제외하고는 모두 유아기를 넘기지 못하고 사망했다. 왕실의 우수한 의료 시설에도 불구하고 평균보다 높은 유아 사망률이었다. 근친혼이었기 때문일까? 태자 루이 드 프랑스는 아버지가 장수하는 바람에 왕위에 오르지도 못하고 50세의 나이로 세상을 떠났다.

루이 14세는 키가 180센티미터가 넘는 건장한 남자였다. 그는 당대의 귀족들처럼 사냥과 말타기 등을 즐겼다. 특히 춤추기를 좋아했으며, 발레 슈즈를 수집하는 데 광적으로 몰두했다. 그러나 그는 그 시대 사람들처럼 온갖 질병에 시달렸고, 사망 직전까지 간 적이 한두 번이 아니었다. 1년에 100번이나 관장과 사혈을 한 적도 있었지만 이러한 질병이 태양왕의 장수를 막지는 못했으며, 그의 욕망을 제어하지도 못했다. 사랑하지도 않는 사람과의 결혼 생활로 만족할 수 없었던 태양왕은 수많은 정부를 거느렸다.

마담 맹트농과 결혼하기 전 태양왕에게는 최소 13명의 애인이 있었다고 한다. 태양왕은 애첩인 라발리에르 공작 부인과 마담 몽테스팡에게서 모두 11명의 아이를 낳았는데, 이들 가운데 5명만이 유아기를 넘겼다. 적자로 인정된 이들 사생아들 말고도 17명의 사생아를 더 두었던 태양왕 루이 14세는 이 많은 아이들을 사랑했고 잘 돌보아주었다.

태양왕이 마담 맹트농을 만난 곳도 그녀가 왕의 사생아들을 돌보고 있는 집에서였다. 태양왕은 자식들을 좋은 가문과 결혼시킴으로써 그들에게 미래를 보장해주었다. 그것은 자신의 아이들에 대한 태양왕의 애정에서 비롯된 것이었지만 동시에 귀족들을 관리하는 수단이기도 했다.

태양왕의 연애를 동시대 동양의 군주들과 비교해보면 서양 문화의 한 측면을 엿볼 수 있다. 태양왕의 정부들은 대체로 높은 신분의 사람들이었다. 결혼한 사람들도 있었고, 그렇지 않은 사람들도 있었으며, 마담 맹트농처럼 과부도 있었다. 이들은 술탄의 하렘에 있는 여자들이나 동양의 구중궁궐에 갇힌 궁녀들처럼 군주의 승은承恩을 기다리고 있는 여자들이 아니었다. 태양왕은 마음껏 여자들과 연애했고 싫으면 헤어졌다. 중세 이래의 '궁정식 사랑amour courtois'을 한 것이다.

왕의 여자들은 당대의 동양에서와 같이 왕의 성적 노리개가 아니라, 하나의 독립된 '인간'이었다. 이러한 점에서 루이 14세의 연애는 인간적인 측면도 있었으며, 상대 여성의 입장 역시 단 한 번의 승은을 입고 평생 왕만을 바라봐야 했던 동양의 궁녀들과는 달랐다.

1683년 왕비 마리테레즈가 죽고, 마지막 애첩인 퐁탕주 공작 부인도 출산 후유증으로 사망하자, 이제 루이에게는 마담 맹트농만 남게 되었다. 중년의 왕은 더 이상 외국의 어린 왕녀들과의 정치적 결혼을 원치 않았다. 이 무렵 태양왕의 신앙심은 점점 깊어지고 있었다.

국왕이 죄를 짓고 있다고 걱정한 보쉬에 같은 성직자나 마담 맹트농 같은 사람들의 영향 때문일까? 어쨌든 왕은 고결한 사랑을 선택했고, 신분의 차이를 넘어 마담 맹트농과 결혼했다. 첫 번째 결혼은 국가 이성에 밀려 사랑하지 않는 사람과 했으나, 두 번째 결혼은 자기의 의지대로 사랑하는 사람과 했다.

✝ 왕비인 듯 왕비 아닌, 왕비 같은 왕의 부인

비밀 결혼이고 비공식 결혼이었지만, 그래도 마담 맹트농은 왕의 부인이었다. 왕비가 되지 못한 왕의 부인이라는 어정쩡한 상황이었지만 마담 맹트농의 위상은 크게 높아졌다. 생시몽Saint-Simon 공작은《회상록》에서 다음과 같이 증언한다.

왕이 국사를 보는 동안 마담 맹트농은 책을 읽거나 수를 놓았다. 왕과 대신은 큰 소리로 말했기 때문에 그녀는 두 사람 사이에서 오가는 모든 말을 다 들었다. 그녀가 말참견하는 경우는 드물었고 더군다나 결정적인 말을 하는 경우는 더욱 드물었다. 왕은 종종 그녀의 의견을 물었다. 그러면 그녀는 상당히 신중하게 대답했다. 그녀는 결코, 아니 정말 결단코 무엇에도 애착을 느끼지 않으며 누구에게도 관심이 없는 사람처럼 보였다. 하지만 그녀는 대신의 견해에 찬성했다. 대신은 사적인 자리에서 감히 그녀의 의사에 반대하지 못했고 더군다나 그녀에게 시비를 걸지도 못했다. 따라서 특혜나 직위의 수여 문제는 왕과 대신이 함께하는 자리에서 결정되어야 함에도 불구하고 마담 맹트농과 대신 두 사람 사이에서 미리 결정되었다. 이따금 왕이나 어느 누구도 영문을 모른 채 결정이 지연되는 경우가 있었다. 이영림, 《루이 14세는 없다》, 푸른역사, 2009, 316쪽

정교하고 엄격한 예법이 지배하는 궁정에서, 그녀는 왕비와 다름없는 행동을 했다. 태자비를 "귀여운 아이Mignonne"라고 다정하게 부를 정도였다. 마담 맹트농이 가마를 타고 나가면 왕녀들이 즉시 그 뒤를 따랐으며, 왕의 마차를 타고 이동할 때에는 언제나 왕비의 자리에 앉았다. 왕도 그녀를 부를 때는 "마담 맹트농"이 아니라 "마담"이라고 불렀다. 프랑스 역사에서 "마담Madame"이란 호칭이 왕비나 왕녀들을 부르는 말이었다는 사실을 감안하면 그녀의 높아진 위상을 알 수 있다.

루이 14세는 베르사유 궁전의 자기 방 앞에 마담 맹트농의 방을 마련해주었다. 이전에 비밀 계단을 만들어놓고 정부의 방을 출입하던 것과는 달랐다. 왕은 저녁 때 대신들과 국정을 논의할 때에도 자주 그 방을 이용했다. 이렇듯 마담 맹트농의 힘이 강해진 것은 사실이지만, 그렇다고 앞에서 인용한 책의 제목처럼 루이 14세가 "없는 사람"이었다고 말

할 수는 없다. 마담 맹트농을 통하면 만사형통이었지만, 최종 결정권은 언제나 왕이 가지고 있었다. 마담 맹트농은 높아진 자신의 위상을 누리면서도 왕의 결정권은 존중하는 영민함을 보였던 것이다.

1691년 어느 날, 루이 14세는 국무 대신 루부아에게 자기의 결혼을 공식화하겠다고 말했다. 루부아는 분노 때문에 이성을 잃었다. 그는 왕 앞에 무릎을 꿇고 왕에게 자기의 칼을 주며 자기 눈으로 군주가 모독당하는 것을 보지 못하도록 자기를 죽여달라고 부탁했다. 루부아는 콩스탕 도비녜 같은 타락한 반역자의 딸이 왕비가 되는 것을 참을 수 없었던 것이다. 왕도 강력한 국무 대신의 뜻을 꺾을 수 없었다. 이렇게 해서 둘의 결혼은 영원히 비밀 결혼으로 남았다.

몇 주 후, 루부아는 왕의 방에서 나온 지 몇 시간 후 숨을 거두었다. 독살당했다는 소문이 돌았고 생시몽 공작은 독살설을 지지했다. 자신의 결혼을 공식화하는 데 반대한 것에 대해 마담 맹트농이 복수한 것인지는 알 수 없는 일이지만, 그 시대는 독살이 흔하던 시대였기 때문에 불가능한 일은 아니었다.

루이 14세는 마담 맹트농을 사랑했고, 그녀와의 결혼 후 '태양'에서 '인간'이 될 수 있었다. '인간' 루이는 돈·명예·권력욕에서 벗어나 평범한 여인의 품에서 편안함을 느꼈다. 마담 맹트농을 만나기 전 최소 13명의 여인을 사랑했던 루이지만, 결혼 후에는 그녀 이외의 다른 여자들을 찾지 않았다.

마담 맹트농은 금욕적인 사람이었다. 루이 14세가 그녀에게 "견고한

천사가 루이 14세에게 승리의 관을 씌워주려고
하는 모습을 묘사한 그림. 왕권신수설을 믿었던
그에게 퍽 어울리는 설정이다.

부인Votre Solidité"이라는 별명을 붙여줄 정도였다. 궁정도 절로 금욕적이고
경건해졌다. 축제·무도회·콘서트 등도 끝이었다. 루이는 소박하고 경
건한 마담 맹트농과 함께 보내는 시간이 많아졌으며, 방탕한 왕에서 경
건한 왕으로 변해갔다. 그는 더 이상 지옥 불을 두려워하지 않게 되었다.
루이 14세는 유언장에서도 "신의 은혜에 보답하라, 신에 대한 의무를 잊
지 말라, 백성들이 항상 신을 경배하게 하라"고 신앙심을 강조했다.

　1696년, 태자의 장남인 부르고뉴 공작이 사부아의 왕녀인 마리 아델
라이드와 결혼했다. 왕과 마담 맹트농은 손자며느리를 각별히 아꼈고,
손자며느리는 마담 맹트농을 "이모"라고 부르며 따랐다. 그러나 1711년
루이 14세의 유일 적자인 태자가 죽고, 그다음 해에는 손자인 부르고뉴
공작과 공작비, 그리고 그들의 아들인 부르타뉴 공작마저 죽었다. 베르

사유는 우울해졌고, 왕과 마담 맹트농은 삶의 의욕을 잃었다.

루이 14세에게 남은 마지막 문제는 왕위가 동생의 아들인 오를레앙 공작에게 넘어가는 것을 막고 자신의 직계에게 이어지도록 하는 일이었다. 루이는 귀족들의 반대에도 불구하고, 자신의 서자들에게도 왕위 계승권을 부여하는 칙령을 공포했다. 다행히도 루이는 1715년 직계인 부르고뉴 공작의 셋째 아들에게 왕위를 물려주고 세상을 떠났다.

✝ 성 루이 왕립 학교

루이가 세상을 떠나기 며칠 전, 마담 맹트농은 궁정을 떠나 베르사유 옆에 있는 생시르Saint-Cyr로 갔다. 이곳에는 1686년에 그녀가 왕의 도움을 받아 설립한 '성 루이 왕립 학교'가 있었다. 이 기관은 가난한 귀족 집안 소녀들을 교육시키는 기숙 학교였다. 마담 맹트농은 왕과의 결혼 전에 이미 자신의 고단했던 삶을 떠올리며 나름대로의 교육 사업을 구상했다. 그녀 자신이 파산한 귀족 가문 출신이었고, 소녀 시절에 받은 교육이라고는 수녀원이 제공하는 교육뿐이었는데, 그 시대의 수녀원에서는 최소한의 프랑스어·라틴어·산수·가사 교육 외의 모든 시간을 종교와 제식 교육에 치중해서 실생활에 별로 도움이 되지 않았기 때문이다.

1684년, 마담 맹트농은 왕이 제공한 누아지 성에 학교를 만들고 180명의 귀족 소녀들을 받아들였다. 왕은 대참사회에서 "아버지가 국가를 위해 봉사하다 죽은 귀족 집안의 소녀들이 무상으로 자신들의 출생 신분과 성^性에 어울리는 교육을 받은 후 왕국의 전 지역에 겸양과 덕성을 전할 수 있도록" 교육 기관을 설립할 것을 공포했다.

1685년 왕은 생시르의 커다란 부지를 학교 설립을 위해 제공했고 왕국 수석 건축가인 아르두앵 망사르에게 '성 루이 왕립 학교'의 건축을 맡겼다. 1686년에 건물이 완공되었고 왕은 특허장을 발부했다. 옛 우르술라 수녀원의 수녀였던 브리농이 종신 교장으로 임명되었고, 마담 맹트농은 학교 운영에 대한 전권을 부여받았다. 그해 7월 말, "생시르의 소녀들"은 왕이 베푼 성대한 의식 속에 입학했다. 루이 14세는 그해 9월에 생시르를 방문해 교사들과 학생들의 환영을 받았다. 그 후 왕과 마담 맹트농은 자주 성 루이 왕립 학교를 방문했다.

이 학교에 입학한 7세에서 20세까지의 250명의 소녀들은 네 개의 반으로 나뉘어 나이에 맞는 교육을 받았다. 학급마다 한 명의 교사와 세 명의 보조 교사가 학생들을 지도했는데, 이들은 모두 여자들이었다. 이들은 수도원에서 하는 것처럼 "청빈·순결·복종"을 서원하고 "소녀들의 교육에 헌신"할 것을 맹세했는데, 수녀가 아닌 세속인들이 귀족 소녀들의 교육을 맡았다는 점이 당시로서는 특별한 일이었다.

학교 교칙은 소녀들이 배워야 할 내용을 명시했다. 가장 중요한 것은 하느님과 종교를 아는 것이었다. 학생들은 악을 멀리하고 덕을 사랑하는 것을 배우며, 가정에서 정직한 부인으로서 남편·아이·하인들을 대하는 방법을 배웠고, 완벽하게 읽고 쓰고 셈하기를 배웠으며, 그밖에 생활에 필요한 기술을 배웠다. 성 루이 왕립 학교는 가난한 귀족 집안의

성 루이 왕립 학교를 방문한 루이 14세 일행을 묘사한 그림.

소녀들을 장래의 귀족 부인으로 양성하기 위해서 엄격하게 교육시켰다.

왕과 마담 맹트농은 이 학교에 유난한 관심을 가지고 지원·관리했지만, 시간이 지나면서 학교는 본래의 정신에서 벗어나 세속의 물에 젖었다. 교회는 교회대로 세속 기관이 수녀원을 제치고 귀족 소녀들의 교육을 맡는 것에 대해 불만이었다. 결국 1692년, 왕과 마담 맹트농은 주위의 반대와 교회의 요구에 따라 성 루이 왕립 학교를 정식 수녀원으로 전환시키는 데 동의했다. 교사들은 수녀 서원을 할 것인지 아니면 학교를 떠날 것인지를 선택해야 했다.

1715년 루이 14세가 죽은 후, 마담 맹트농은 생시르로 들어가 살다가 4년 후 세상을 떠났다. 그녀의 유해는 방부 처리되어 성 루이 왕립 학교의 기도소에 묻혔다. 학교는 설립자를 잃고 약화되었다가 프랑스 혁명 때 폐쇄되었다. 혁명가들로서는 귀족 소녀들을 위한 특권 학교를 용납할 수 없었기 때문이었다. 나폴레옹 1세는 이곳에 군사 학교를 세웠고,

성 루이 왕립 학교를 모방해 레지옹 도뇌르 학교를 세웠다.

성 루이 왕립 학교는 왕과 마담 맹트농이 각별한 관심을 기울인 학교였다. 이 학교는 가난한 귀족 소녀들을 위한 기관이었으며, 특히 세속인들이 세속적인 교육을 시켰다는 점에서 어느 정도 근대성을 지닌다고 말할 수 있다. 성 루이 왕립 학교에서 공부한 귀족 소녀들은 후일 귀족 부인이나 수녀가 되어 설립자들의 명예를 높이기 위해 일했다.

"생시르의 소녀"들은 '루이 14세와 마담 맹트농의 소녀'들이었고, 성루이 왕립 학교는 왕과 마담 맹트농을 기념하는 기억의 장소였다. 성 루이 왕립 학교는 루이 14세가 1674년에 세운 앵발리드, 1682년에 세운 사관 학교와 마찬가지의 차원에서 왕실과 귀족 사이의 결속을 강화하기 위해, 그리하여 궁극적으로는 국왕의 권력을 다지기 위해 세운 기관이었던 것이다.

✝한 명의 왕, 하나의 신앙

마담 맹트농이 왕의 부인으로서 국사에 영향을 끼친 것은 당연하다. 특히 종교적인 측면에서 더욱 그러하여 마담 맹트농은 국왕의 신앙심을 깊게 하고 궁정을 경건하게 만들었다. 이러한 것들이 1685년의 '퐁텐블로 칙령'과도 관계가 있을까?

퐁텐블로 칙령은, 앙리 4세가 1598년에 칼뱅파에게 신앙의 자유를 부여하기 위해 공포한 '낭트 칙령'을 폐기한 칙령이다. "하나의 신앙·하나의 법·한 명의 왕"을 국정의 기본 원칙으로 하던 시대에, 한 국가에 두 개의 종교를 허용한 낭트 칙령은 그만큼 시대를 앞선 관용 칙령으로 높이 평가받을 수 있다. 이에 반해, 퐁텐블로 칙령은 칼뱅파에게 가톨릭으로의 강제 개종을 명한 야만적이고 시대착오적인 불관용 칙령이었다. 성 루이 왕립 학교가 두 사람의 사랑이 낳은 긍정적인 열매라면 퐁텐블로 칙령은 그 반대 사례라고 할 수 있을 것이다.

퐁텐블로 칙령으로 약 70만 명의 칼뱅파가 가톨릭으로 개종했다. 강제 개종을 거부하거나, 외국으로 도망치는 것은 불법이었다. 도망치다 잡히면 남자는 갤리선으로 끌려가 평생 노를 젓다 죽었고, 여자는 수녀원에 감금되었다. 그럼에도 불구하고 약 20만 명의 칼뱅파가 신앙을 지키기 위해 탈출했다. 프랑스 입장에서 보면 있는 것보다는 없는 것이 좋았던 목사들은, 부양 부모·7세 이상의 자녀·재산 등을 프랑스에 두고 외국으로 떠나는 것이 허용되었는데, 이러한 악조건에서도 전체 목사들 가운데 5분의 4가 신앙의 자유를 찾아 프랑스를 떠났다.

당시 프랑스인들은 퐁텐블로 칙령에 환호했다. 하나의 국가가 하나의 종교로 통일되는 것을 당연한 일로 받아들였기 때문이다. 프랑스 가톨릭 교회가 로마로부터 독립하려는 데 대해 불만이 많았던 교황은, 내키지는 않지만 퐁텐블로 칙령을 승인했다. 그러나 교황은 루이 14세가 용기병들을 동원해 폭력적으로 강제 개종을 시킨 것은 용납할 수 없다는 이유로 감사 예배를 드리는 것은 거부했다. 칼뱅파의 저항은, 1702년에 남부 지방에서 소위 카미자르 반란을 일으키는 것이 고작일 정도로 약했다.

하지만 낭트 칙령의 폐기에 따른 프랑스의 경제적인 출혈은 극심했다. 루이 14세가 개종 거부자들의 망명 금지라는 극약 처분을 한 것은, 스페인이 유대인과 무슬림 개종자들을 추방해 경제적으로 피해를 입은 것을 보았기 때문이었다. 그런데도 약 20만 명의 기술자들이 국외로 탈출했고, 칼뱅파의 반란이 일어난 남부 지방은 초토화되었으니, 프랑스가 입은 상처는 스페인이 입은 상처에 비견될 정도였다. 반대로, 프로이센으로 도망간 프랑스의 칼뱅파는 프로이센의 국가 발전에 이바지했다. 프랑스의 쇠퇴는 이때부터 시작되었다고 보는 사람들도 있을 정도다.

그렇다면 루이 14세가 낭트 칙령을 폐기한 이유는 무엇일까? 칼뱅파는 위협적이지도 않았을 뿐더러 순종적이었고 경제적으로 유용했는데도 그들의 존재를 용납하지 않은 이유는 무엇일까? 다름 아니라 칼뱅파의 '존재', 즉 종교적으로 이질적인 그 '존재' 자체를 용납할 수 없었기 때문이다. 절대 군주로서 국가 안의 국가, 국가 안의 두 종교를 '용인'할 수가 없었던 것이다. 이런 점에서 낭트 칙령의 폐기는 당연했고 예견된 것이었다. 단지 시점이 문제였을 뿐이다.

루이 14세는 1678년 네이메헌 조약으로 네덜란드와의 오랜 전쟁에서 벗어나고, 1684년 라티스본 휴전으로 신성 로마 제국과의 전쟁에서도 한숨을 돌린 후에야 국내 문제에 손을 돌릴 수 있었다. 그다음 수순이 바로 '퐁텐블로 칙령'이었던 것이다.

그렇다면 1683년의 마담 맹트농과의 결혼이 1685년의 퐁텐블로 칙령에 어떤 영향을 끼친 것일까? 우선, 마담 맹트농의 집안이 낭트 칙령과 깊은 관련이 있다는 사실부터 기억할 필요가 있다.

마담 맹트농의 할아버지 아그리파 도비녜는 앙리 4세의 측근이었는데, 앙리 4세가 가톨릭으로 개종한 뒤에도 자기의 신앙을 고수하다 1630년에 생을 마감한 완고한 칼뱅파 장군이었다. 그는 칼뿐만 아니라 펜으로도 가톨릭교회와 프랑스 궁정을 상대로 전쟁을 벌였다. 그의 유명한 작품인 《비극》은 칼뱅파가 겪은 박해를 다룬 영웅적인 서사시였다. 전쟁 동료였다가 개종 문제 때문에 결별한 앙리 4세와 아그리파 도비녜의 손자·손녀가 1683년에 결혼할 줄을 누가 알았겠는가?

한편, 마담 맹트농은 한때 칼뱅파 교육을 받은 적이 있었기 때문에, 칼뱅파의 개종을 반대하면 칼뱅파를 비호하는 비밀 칼뱅파라는 의심을 받을 위험이 있었다. 마담 맹트농은 가톨릭 신앙을 견지했고, 칼뱅파가 가톨릭으로 개종하는 것이 바람직하다고 생각했다. 그녀도 하나의 국가에는 하나의 종교가 있어야 한다고 생각했던 것인데, 문제는 '강제로라도' 개종을 시켜야 하는가였다. 마담 맹트농은 '강제 개종'에는 반대했다. 퐁텐블로 칙령이 마담 맹트농의 작품이라는 세간의 비난에 동조하기 어려운 이유다.

루이 14세가 마담 맹트농과의 만남과 결혼을 통해 신앙심이 깊어진 것은 사실이다. 그리고 오스트리아의 빈을 공격한 튀르크군을 격파하는 그리스도교 십자군에 프랑스군이 동참하지 못해, "매우 그리스도교적인 왕"으로서의 루이 14세의 위신이 손상된 것도 사실이다. 이러한 일들은 루이가 내부 십자군을 일으켜 '이단'을 몰아내고 가톨릭을 강화하려는 결심을 재촉해, '1685년'이라는 시점을 결정하는 데에 영향을 주었을 것으로 볼 수 있다. 그러나, 퐁텐블로 칙령의 책임을 마담 맹트농에게 묻는 것은 당시 궁정에서 떠돌아다니던 편견을 되풀이하는 것에 불과하다. 루이 14세는 "한 명의 왕, 하나의 신앙"이라는 시대정신에 투철한 사람이었고, 자신의 왕국 안에 두 개의 종교가 있는 것은 절대 군주의 위엄에 맞지 않는 것으로 생각하고 있었다. 루이 14세는 마담 맹트농을 만나기 이전부터 이미 그 루이 14세였다.

✤ 궁정식 사랑

중세 이래의 서양 문화에서는 두 종류의 사랑이 병존해왔다. 하나는 '그리스도교적 사랑'이고 다른 하나는 소위 '궁정식 사랑amour courtois'이다.

'그리스도교적 사랑'이란 그리스도교의 결혼 윤리에 충실한 사랑이다. 원래 교회는 세속인들의 세속적인 결혼에 대해서는 관심이 없었다.

성직자들은 육체는 악한 것이고 성관계는 죄악이라고 생각했기 때문에 결혼하지 않고 동정을 유지하며 사는 것을 이상적이라고 보았으며, 그런 점에서 자신들이 세속인들보다 우월하다고 내세웠다. 성직자들은 여성이 남자들을 유혹해 죄를 짓게 하는 악한 존재라고 생각해서 여자들을 멀리하라고 가르쳤다. 교회는 성직자들에게 세속인들의 결혼식에 기웃거리지 말라고 명령할 정도였다.

그러나 11세기 그레고리우스 교황의 개혁 이후 교회의 결혼관도 바뀌었다. 교회는 성직자들의 결혼을 금한 후 세속인들의 결혼에도 개입하기 시작해 12세기에는 결혼을 아예 교회의 성사로 지정해버렸다. 이제 신랑과 신부의 손을 잡게 해주는 것은 신부의 아버지가 아니라 성직자였다. 그리스도교 신자들은 성당에서 성직자의 주례 아래 결혼을 해야 했으며, 일부일처제·당사자들의 결혼 동의·근친혼 금지·간음 금지·이혼 금지 등을 따라야 했다. 결혼의 목적은 어디까지나 아이를 낳는 데 있었기 때문에, 아이를 낳는 목적 이외의 성관계·피임·낙태 등도 금지되었다.

결혼은 사랑의 보금자리라기보다는 육체적 충동을 억제하고 질서를 세우기 위한 소극적인 장치였다. 교회는 '절제'를 가장 중요한 덕목으로 가르쳤기 때문에 사랑에서도 절제할 것을 요구했다. "지나친 열정으로 아내를 사랑하는 것은 간음"이었다. 그리스도교 세계의 왕들이 왕비에 대해 가졌던 사랑이 바로 이러한 사랑이었다.

그렇다고 왕들이 이러한 절제된 사랑만 가지고 살았던 것은 물론 아

1694년 무렵 말년의 마담 맹트농. 왕비의 타이틀에 연연하기보다 실질적인 권력 행사에 더 힘을 기울인 현명한 왕의 연인이었다.

니었다. 그들에게는 '궁정식 사랑'이라는 또 다른 문화가 전해졌다. 궁정식 사랑이란, 말 그대로 군주의 궁정에서 꽃핀 사랑이다. 궁정식 사랑은 프랑스 남부 지중해 지역에서 시작되었는데, 이곳에는 그리스·로마 문화가 강하게 남아 있었고, 또 중세에는 쾌활하고 개방적인 선진 이슬람 문화가 퍼져 있었다.

　궁정식 사랑에서는, 주군의 궁정에 모인 젊은 기사들이 주군의 부인에 대해 사랑의 감정을 품었다. 중세의 중기는 장자 상속제가 엄격히 시행되어 집안의 장남만 결혼하던 시절이었기 때문에, 결혼하지 못한 젊은 기사들이 무질서하게 욕망을 배출하고 있었다. 주군으로서는 이들을 통제할 필요가 있었고, 그리하여 만들어진 것이 궁정식 사랑이었다. 주군은 자신의 부인을 미끼로 이들을 통제했다. 기사들은 주군의 부인에 대한 순수한 사랑을 통해 무절제한 욕망 배출을 자제하게 되었으며, 결혼을 하고 나서는 자기 아내를 열심히 사랑했다. 이렇게 해서, 루이 14세가 베르사유 궁전에서 귀족들을 길들였듯이, 남프랑스의 궁정에서 주군들은 기사들을 길들였다. 기사들은 나름대로 세련되어졌고 또 기사도라는 것을 지니게 되었다. 이런 의미에서 볼 때, 기사도는 젊은 기사들의 사랑을 통제하기 위해 마련된 문화적 장치라 할 수 있다.

궁정식 사랑이 퍼져나가면서 여성에 대한 인식도 달라졌다. 여자는 남자를 유혹해 죄의 구렁텅이에 빠뜨리는 존재라는 그리스도교적 편견이 약해졌다. 금욕이 자연스러운 것이 아니라 사랑이 자연스러운 것이 되었다. 여성은 사랑의 대상이 되었고, 결혼의 대상이 되었고, 결혼 후에도 사랑받았다. 그리스도교적 사랑의 목적은 가문과 왕국의 대를 이어갈 아들을 낳는 것이 목적이었으나, 궁정식 사랑의 목적은 '나'의 행복에 있었던 것이다.

루이 14세가 많은 애인들과 나눈 사랑이 궁정식 사랑이라면, 루이 14세와 마담 맹트농과의 사랑은 그리스도교적 사랑과 궁정식 사랑이 융합된 것이라고 말할 수 있을 것이다. 그 사랑의 방식이 어떠했는지를 불문하고, 40대 중반의 왕이 연상의 여인과 사랑하고, 또 비밀리에 결혼한 것은 프랑스 역사상 전무후무한 일이었다.

타고난 예지와 날카로운 의리로 어려울 때 살뜰히 도와주었고, 근심
거리가 있으면 반드시 대책을 세워 풀어주었으며, 특히 외국과 교섭
하는 문제에서 황후는 먼 나라를 끌어들여 가까이하라는 정책을 권
고했는데, 여기에는 외국 사람들도 감탄했다.

chapter

04

고종 & 명성황후

김태권

개혁 군주와
정치적
파트너

글쓴이 김태권

서울대학교 미학과를 졸업하고 동 대학원 서양고전학협동과정에 재학 중이다. 문화일보에 연재된 《장정일 삼국지》 일러스트를 맡아 신문 삽화 연재 사상 최연소 삽화가로 데뷔했다. 프레시안, 문화일보, 한겨레신문 등에 다양한 역사 만화를 연재했고, 지금은 클레이 아트 《김태권의 인간극장》을 연재 중이다. 저서로는 《김태권의 십자군 이야기》 1~5권, 《김태권의 한나라 이야기》 1~3권, 《삼인삼색 미학 오디세이》 중 제3권 포스트모더니즘 편, 《어린왕자의 귀환》, 《르네상스 미술이야기》, 《히틀러의 성공시대》 1~2권 등이 있다.

✛ 세계적으로 히트 친 대한제국 황제의 신문 기사

'에밀리 브라운'이라는 이름을 들어본 적이 있는가?

우리에게는 다소 낯선 이름인데, 20세기 초의 서양에서는 달랐다. 1903년 이래로 미국과 유럽의 신문에 그녀의 이름이 종종 올랐기 때문이다. 흔히 "태국" 하면 〈왕과 나The King and I〉를, "아르헨티나" 하면 〈에비타Evita〉를 떠올리듯이, 당시의 서양에서는 "코리아"라고 하면 "에밀리"를 제일 먼저 떠올렸을 것이다.

'에밀리 브라운Emily Brown, 1888?~1912?'은 누구이며 어떤 사람인가? 당시의 외신에 따르면 에밀리의 아버지 브라운 씨는 미국 오하이오 주에 살던 장로교 선교사였는데, 어떤 계기로 기독교를 선교하러 1903년 무렵 한국에 왔다. 이때 한창 어여쁜 15세의 딸 에밀리도 함께 왔으며, 효성 깊은 에밀리는 아버지를 도우며 성가대 지휘를 했다고 한다.

1903년이면 한국에서 힘겨루기를 하고 있던 러시아와 일본이 곧 전

쟁을 일으키지는 않을까 해서 전 세계가 염려하던 때다. 혹시라도 한국 땅에서 전쟁이 일어나면, 전쟁 결과에 따라 한국이 독립을 잃을 수도 있기 때문에 한국 사람들은 더욱 염려했다.

　1897년 대한제국大韓帝國의 황제 자리에 오른 고종高宗, 1852~1919 임금은, 대한제국을 중립국으로 선언해 강대국들끼리 싸우지 않는 완충 지역으로 만들면 어떨까 하는 묘안을 떠올렸다. 그렇게만 된다면, 독립도 유지하고 평화도 지킬 수 있으며, 무엇보다 고종 자신의 황제 자리도 안전할 것이라 생각했다. 일명 고종의 '한반도 중립화 구상'이다.

　물론 스위스처럼 여러 강대국의 틈바구니에서 중립국이 되면 더없이 좋을 근사한 아이디어이긴 했지만, 문제는 스위스만큼의 힘이 나라에 없다는 점이었다. 힘도 없이 중립국을 선언해봤자 다른 나라들에서 인정해주지 않으면 실현시킬 도리가 없었기에, 나라에 힘이 있어야 했다.

　고종은 나라 안에서 힘을 모아야 할지, 나라 밖에서 힘을 빌려와야 할지 고민이었다. 진즉에 나라 안에서 힘을 모을 방법을, 당시 인망 높은 정치가 민영환関泳煥, 1861~1905 (훗날 나라가 망할 때 자결로 절개를 지킨 바로 그 사람) 대신이 제안한 적이 있기는 했었다. "국민개병國民皆兵(국민 모두가 병역의 의무를 가짐)으로 징병제를 하면 국방력이 탄탄해질 것이다. 옛날에 프랑스가 대혁명 이후부터 나폴레옹 때까지 이러한 방식으로 유럽 최고의 군사 강국이 되었다"라고 말이다. 그런데 고종은 그 방법을 좋아하지 않았다(왜 그랬는지는 글 말미에서 살펴볼 것이다).

고종은 나라 밖에서 힘을 빌려오는 쪽이 더 좋았고, 그래서 외교전에 '올인'했다. 힘센 나라 몇이 나서서 도와주면, 국제 사회가 대한제국을 중립국으로 인정해줄 수도 있었다. 고종은 러시아와 미국 정부가 힘을 빌려주기를 바랐다.

특히 미국에 기대가 컸다. 오래전부터 고종의 친구였던 주한 미국 공사 호러스 뉴턴 앨런Horace Newton Allen, 1858~1932은 자신의 친구들을 고종에게 추천하며, 미국 사업가가 한국에서 돈을 많이 벌게 되면 미국도 이권이 걸려 있으니 한국을 지켜줄 것이라고 암시했다(딱 부러지게 약속한 것은 아니었지만). 아무리 서양 사람이라도 가는 정이 있으면 오는 정도 있을 터라, 고종은 앨런이 바라는 것을 다 해줬으며, 미국 사람들한테도 잘해줬다.

미국 선교사인 브라운 씨도 어렵지 않게 황제와 가까워졌으며, 특히 브라운 씨의 딸 에밀리가 고종의 눈길을 끌었다. 1903년 미국 신문에 등장한 에밀리 브라운의 초상화를 보면 꽤나 고전적인 미인이다. 중년 신사 고종 황제는 어린 에밀리의 마음을 사로잡고자 노력했을 것이다. 아무한테도 내주지 않던, 궁궐을 자유롭게 드나드는 특권을 허락하는 한편, 황제의 사랑을 거절하면 아버지 브라운 씨의 선교 사업이 꼬일 수도 있다고 겁까지 줬다니, 어쩌면 황제는 밀고 당기기의 고수였다.

에밀리도 싫지 않았던 건지, 외신 보도에 따르면 고종과 에밀리의 사랑은 그해 연말에 결실을 맺었다고 한다. 고종 황제의 화려한 국제결혼은 세계적 뉴스였고, 오스트리아부터 미국까지 외신을 탔다. 1903년 11월 29일자 《보스턴 선데이 포스트Boston Sunday Post》에는 "어떻게 미국 여인이 황후가 되었나(How the only American Princess was Crowned)"라는 제목 아래 삽화를 곁들여 이를 자세하게 보도했다(당시 신문은 사진 말고 삽화를 곁들이는 경우가 많았다). 서양 독자들은 이 기사에 열광했고, 에밀리를 선망하는 여인들이 미국 공사관과 대한제국 황실에 무더기로 편지를 보냈다고 한다.

하지만 에밀리의 행복은 오래가지 않았다. 얼마 후 일본과 러시아가 벌인 러일 전쟁Russia日戰爭(1904)에서 일본이 이기며, 일본에 맞서 외교전을 펼치던 고종은 황제 자리를 잃게 되었다. 대한제국 황실의 바람과는 달리, 미국은 도와주지 않았다. 알렌은 조선에서나 대단한 사람이었지, 미국 정부에는 영향력이 없었다. 약육강식과 적자생존의 사상에 충실하던 미국의 시어도어 루스벨트Theodore Roosevelt, 1858~1919 대통령(제26대)은, "일본이 한국을 지배하는 것이 한국 사람들한테도 좋은 일"이라고까지 주장했다(조선이 식민지가 된 것이 신의 뜻이라며 "우리 민족에게는 시련이 필요하다"던 한 정치인의 발언이 괜히 나온 게 아니다).

에밀리 역시 황후 자리에서 물러나야 했다. 어떤 외신은 슬픔에 빠져 조그만 당나귀를 타고 가는 에밀리의 모습을 보도하기도 했는데, "제국의 안주인으로 누리던 과거의 영광은 사라져 지치고 초라한 모습"이라고 했다. 너무 큰 실의에 빠졌던 건지 에밀리의 이후 행적은 거의 알려지지 않았고, 1912년에 사망했다는 설도 있는데 그렇다면 20대의 꽃다운 나이에 숨을 거둔 셈이니 딱한 노릇이 아닐 수 없다. 이렇게 조선은, 조선을 사랑하던 미국인 국모를 잃었다.

이쯤에서 지금까지의 "진실과 거짓"을 밝혀보겠다. '에밀리 브라운'이라는 사람은 없다. 당연히 고종이 미국 사람하고 결혼한 일도 없다.

그렇지만 적어도 내가 마음대로 지어낸 이야기는 아니다. 외국 신문에 고종과 에밀리 브라운의 기사가 나갔다는 것은 '사실'이다. 누가 이런 가짜 기사를 지어냈는지 몇 가지 추측은 떠돌지만, 진실은 아무도 모른다.

그보다 흥미로운 문제는 왜 대한제국의 황제 고종을 다룬 기사가 이만큼이나 세계적으로 히트를 쳤는가 하는 점이다. 오늘날의 우리에게 고종은 그다지 인기 높은 인물이라고 말하기는 힘든데, 당시의 고종은 왜 나라 안팎에서 인기였을까?

✝ 코리아의 황제, 멋쟁이 고종

조선의 왕이자 대한제국의 황제였던 고종은, 오늘날 유약하고 무능한 이미지로 알려져 있지만, 사료 속의 고종을 살펴보면 꼭 그렇지만도 않다. 머리 회전도 빠르고, 국제 정세도 잘 파악하는 편이었다. 고종이 매력적이라고 생각한 사람이 나라 안팎에 적지 않았다.

하지만 고종에게는 나라가 망할 때 최고 책임자였다는, 피할 수 없는 분명한 잘못이 있다. 고종이 책임을 져야 한다. 지도자는 훌륭했는데 국민이 어리석었다는 식의 엉터리 영웅주의를, 나는 믿지 않는다.

고종은 어떤 지도자였는지를 말하는 것은 쉽지 않은 문제다. 1990년대 말부터 학계에서 고종 황제가 의욕적으로 추진하던 이른바 '광무개혁光武改革'(1897년에 성립한 대한 제국이 완전한 자주적 독립권을 지켜나가기 위해 1897~1906년의 광무 연간에 단행한 내정 개혁)을 재평가하는 움직임이 눈에 띈다. 고종은 옛날에 흔히 듣던 대로의 '허당'은 아니었다. 적어도 능력 없고 의지 없는 사람은 아니었다. 그러나 고종이 잘한 일은 잘한 일로 인정한다고 치더라도, 현대를 사는 사람으로서 바라볼 때의 고종의 결정적인 한계 역시 지적해야겠다.

일단은 외국에서 바라보던 고종의 모습을 알아보자. 당시 유럽과 미국에서 고종은 인기였다. 대한제국 황실로 외국 여성들이 보낸 편지가 쏟아졌다고 한다. 한국 황실에 와서 간호사나 하녀, 가정 교사가 되고 싶다고들 하거나, 고종과 결혼하고 싶다는 사연도 많았다. 고종을 좋아하던 조선 관료들은 묘하게 뿌듯해했던 것 같다. 외국 사람이 왔을 때

《보스턴 선데이 포스트》에 실린 삽화를 참고해 클레이 아트로 재현해본 에밀리 브라운의 모습.

"우리 황제가 인기가 많아 편지도 받는다"며 수줍은 척 자랑도 했다고 한다.

주한 미국 공사관으로도 팬레터가 쏟아졌다. 알렌 공사는 귀찮았던 건지, 미국에 체류하는 동안 한국 황실에 서양 여성이 간호사나 가정 교사, 황제의 반려자로 올 일은 없을 거라고 성명을 내기도 했다. 하지만 알렌이 에밀리 오보 사건에 대해 "우리 위대한 언론인들의 농담에 적합한 다채로운 쇼"라고 언급한 걸 보면(신빙성은 없지만, 알렌이 조선에 대한 관심을 불러일으키려고 에밀리 이야기를 지어냈다는 음모론도 있다고 한다), 내심 즐겼을지도 모를 일이다.

고종이 인기 있던 한 가지 이유는 판타지 때문이다. 당시 서양에는 오리엔탈리즘이 유행하고 있었고, 동양 사람과 연애하는 판타지도 인기였다. 오페라 〈나비부인〉부터 화가 고갱이 타히티 아가씨와 살림을 차린 일까지, 서양 아저씨는 순박한 동양 소녀가 왠지 자기를 좋아해줄 거라고 믿었다. 한편 서양 여인은 동양의 임금과 연애하는 환상을 즐겼다. 동양의 임금은 강하고 매너가 없지만, 사람은 순박하며 평범한 서양 여인을 좋아한다는 환상이었다.

예컨대 영국인이면서 인도인이기도 한 애나 레오노웬스^{Anna Leonowens,} ¹⁸³¹~¹⁹¹⁵는 태국 왕실에서 몇 년을 지낸 일이 있었다. 1870년에 나온 그녀의 회고록 《시암 궁정의 영국인 가정 교사^{The English Governess at the Siamese} ^{Court}》는 서양 사람들한테 꾸준히 읽혔다. 1944년에는 이 회고록을 기초로 《애나와 시암의 왕^{Anna and the King of Siam}》이라는 소설이 나왔고, 1951년 뮤지컬 〈왕과 나〉가 탄생해 오늘날까지 히트다.

물론 태국에서는 인정 못할 내용이다. 〈왕과 나〉에서 왕의 모델이 된 태국의 라마 4세^{Rama IV, 1804~1868}(몽꿋^{Mongkut} 왕으로 알려진, 타이의 짜끄리^{Chakri} 왕조의 4번째 군주)는 격변의 시기에 태국의 자주 독립을 지킨 존경받는 지도자이기 때문이다. 평범한 서양 여인과 '썸'(some 혹은 something에서 파생된 말로, 연애를 할까 하는 두 사람이 서로 호감을 가지는 시기 혹은 그런 상태를 일컫는 은어)을 타다니, 판타지는 판타지일 뿐이다.

아무튼 대한제국의 황제라는 자리는 서양 여성의 '썸남'('썸'의 대상이 되는 남성) 판타지에 아주 적격이었다. 대한제국이라는 나라를 잘 모르기 때문에 생긴 신비주의에다, 비극적으로 황후를 잃은 고종의 '돌싱'('돌아온 싱글'을 줄인 말로, 이혼 후 다시 싱글이 된 사람을 일컫는 은어) 이미지가 겹쳐, 에밀리 이야기는 히트 칠 요소가 많았다.

고종이 외국에 인기 있던 이유가 또 있다. 이 역시 우리로서는 상상이 안 되는 이야기지만, 고종은 멋쟁이 신사였다. 다양한 옷을 입고 다양한 포즈로 사진을 남겼다. 곤룡포를 입은 사진이 유명하지만, 서양식 관복을 입고 찍은 사진도 적지 않다. 흰 두루마기에 갓을 쓰고 찍은 사진도 있다. 그뿐이 아니다. 고급스러운 양복에 훈장 몇 개만 걸고 찍은 사진도 폼이 난다. 돈 많고 사람 좋은 노신사 같다. 영국 신사나 쓸 것 같은 높은 실크해트를 쓰고 연미복을 입고 찍은 사진도 눈길을 끈다. 선글라스를 끼고 궁궐을 다니는 사진도 흥미롭다. 서양 사람들을 만나면 교양 있는 대화를 나누었다. 본국에 돌아간 서양인들의 회고록에는 고종이 매너 있는 신사로 소개되어 있다.

고종은 심지어 취향도 고급이었다. 서양 문물에 관심이 많았을 뿐 아니라 제대로 즐길 줄도 알았다. 1898년 8월에는 커피 맛을 잘 알았기 때문에 독살로부터 목숨을 건진 일화도 있다(물론 예민하고 입맛이 좋다고 좋은 지도자라는 말은 아니다. 물가 폭등으로 서민들이 힘들어하던 시절이라 황제의 취미 생활이 달갑지만은 않았을 것이다).

무엇보다도, 고종은 부유한 '파티남'이었다. 날마다 궁궐에 외교관들을 불러들여 밤새 전등불을 켜고 파티를 했다고 한다. 덕수궁에 아예 발전기를 들여놓고 구석구석 전등을 밝혔다. 에디슨이 전구를 발명한 지 얼마 되지도 않았을 때의 일이다. 밤의 덕수궁만큼 화려한 장소는 세계에 많지 않았다.

고종이 커피를 즐기던 장소인 덕수궁 정관헌의 테라스.

    나라가 망하는데 비싼 전깃불 켜고 외국 사람들을 불러 파티나 하고 있다니, 지금의 우리가 보기에도 그다지 잘한 일 같지 않은데, 당시 조선 사람들도 별로 좋아하지는 않았다. 들어가는 돈도 돈이지만 전기 같은 서양 문물도 마뜩잖았다. 특히 발전기 냉각수 때문에 덕수궁 연못의 온도가 올라가 물고기들이 죽어 떠오른 일을 두고, 불길하다며 수군거리는 이들도 있었다.

✝ 근대화로 연결된 고종의 파티

다만 고종의 파티에 대해 몇 가지 변명을 달아주자면, 덕수궁의 '올나이트 파티'는 그냥 흥청망청 놀기만을 위함은 아니었던 것으로 보인다.

    첫째로 전기 사업은 대한제국이 가장 관심을 가지고 힘 있게 추진하던 근대화 프로젝트였다. 전기는 당시 최첨단 문물이었고, 문명개화를 추진하던 나라들은 전기에 아주 큰 관심을 보였다. '전기'라는 말에 혹해 비싼 돈을 주고 전기의자부터 수입한 나라도 있었다(전기의자에서 전기를 만드는 것이 아니라는 사실을 알게 된 어떤 나라의 임금님은 결국 전기의자를 옥좌로 썼다는 일화도 있다). 그에 비하면 대한제국의 전기 사업은 체계적이었다. 착착 전등을 놓고 전찻길을 깔았다. 전기만 놓고 보면 고종이 추진한 '광무개혁'은 제법 성과를 낸 편이었다.

둘째로 서양처럼 파티를 하는 일 또한, 당시 동양 사람 생각으로는 근대화 사업에 해당했다. 메이지 유신明治維新(1876)이 지난 얼마 후 일본도 '로쿠메이칸鹿鳴館'이라는 건물을 짓고 연일 무도회를 열었다. 일본식 상투를 틀고 칼을 차던 사무라이들이 서양식으로 슈트와 드레스를 차려입고 귀족과 귀부인이 된다는 프로젝트였는데, 이렇게 해야 서구화가 완성된다고 생각한 것 같다(물론 지금 보기엔 어이없는 얘기다. 일본에서도 이 일만큼은 오래도록 욕을 먹었다).

고종의 안타까운 사연이 세 번째 변명이 된다. 고종은 밤이 두려웠고, 한밤중에도 궁궐에는 밝게 불을 켜야 했다. 궁궐이 비어서도 안 되고, 사람이 바글거려야 했다. 그래서 커다란 경복궁보다는 작은 덕수궁이 고종은 더 좋았다. 서양 사람이 많으면 더 좋은 것이, 그래야 무지막지한 일본 자객들도 한밤중에 궁궐에 쳐들어와 함부로 칼질을 해대지 못할 테니까 말이다. 실제로 그런 일이 있었기에 고종의 두려움은 근거 없는 것이 아니었다. 1895년에 일본 사람들이 경복궁으로 쳐들어와 아내를 살해한 것이다. 이 사건이 악명 높은 '을미사변乙未事變'이다.

고종은 오랫동안 아내 명성황후明成皇后, 1851~1895를 잊지 못했다. 나중에도 그녀를 떠올릴 때면 눈물을 보였다고 한다. 서양의 기록을 보면 명성황후 민씨는 나름 매력 있는 사람이었던 것 같다. 하지만 두 사람이 결혼하던 무렵만 해도 그건 중요한 기준이 아니었으리라. 당시 결혼은 집안끼리의 일이었기 때문이다.

✝ 조선판 〈왕좌의 게임〉

고종의 아버지 대원군이 여흥 민씨 집안과 사돈을 맺은 사연으로 들어가보자. 이는 조선판 〈왕좌의 게임〉 이야기로, 민씨·이씨·김씨 등 유서 깊은 가문의 개성 넘치는 인물끼리 서로 좋아하고 미워하고 연합하고 배신하는, 드라마틱한 내용이다.

경기도 여주 땅에 민치록閔致祿, 1799~1858이라는 사람이 있었다. 노론 명문인 여흥 민씨 집안으로, 그 유명한 인현왕후의 직계 후손이었다. 남 부럽지 않은 삶이었지만 아이들이 일찍 죽었는데, 60세의 나이로 세상을 떠날 때 친자식은 어린 딸 하나만 남아 있었다. 그런데 이 외동딸이 대단한 꼬마였다고 한다. 8세 어린 나이에 아버지를 잃었지만 습렴襲殮하는 과정을 어른들과 똑같이 지켜보았고, 어른들처럼 지성으로 곡을 해 사람들을 놀라게 했다. 이 사람이 훗날의 명성황후다. 어릴 때부터 대담하고 강인한 성격이었다는 이야기다.

하지만 조선은 아들이 제사를 챙기던 가부장 사회였고, 민치록의 대를 잇기 위해 당시 흔히 하던 대로 가까운 친척 민승호閔升鎬, 1830~1874를 양자로 입양했다(그러니까 명성황후와 민승호는 양남매가 된다). 민승호에게는 친남매가 있었는데(여기서부터 흥미진진하다), 민승호가 민치록의 집안으로 입양을 가기 전 같은 집안에서 살던 친누나는 전주 이씨 왕족 집안으로 시집을 갔다. 친누나 남편의 이름은 이하응李昰應, 훗날의 흥선대원군興宣大院君, 1820~1898이다. 결혼 전부터 명성황후는 대원군과 한집안 사람이었던 셈이다.

촌수만 가까운 것이 아니라 집도 가까웠다. 민씨 집안의 서울 집은 인현왕후가 살던 감고당感古堂(지금의 덕성여고 자리)으로, 운현궁에 살던 이하응과는 이웃사촌이었다. 민승호는 서울에 올 때면 자주 운현궁을 드나들었는데, 나중에는 아예 서울로 이사를 왔다. 왕실 종친 이하응과 명문 노론 민승호는 둘 다 야심 큰 청년이었다.

당시는 세도 정치 시절이었고, 안동 김씨가 권력을 독점하고 있었다. 널리 알려진 야사와는 달리, 대원군 이하응은 멸시받는 처지가 아니었고, 명성황후 집안 역시 유수한 명문이었다. 안동 김씨가 너무 강했기 때문에 대원군이나 민씨 가문이 '언더독Underdog'(흔히 스포츠에서 우승이나 이길 확률이 적은 팀이나 선수를 일컫는다)으로 얘기되지만, 권력의 심장부에서 아주 멀리 떨어진 사람들은 아니었다.

야심 많은 이하응과 민승호가 바라던 기회는 곧 다가왔다. 1863년, 철종哲宗, 1831~1863 임금이 후사 없이 죽은 것이다. 이씨 가문의 누군가를 철종의 양자로 삼아 왕으로 세워야 했다. 권력은 안동 김씨가 쥐고 있었지만 왕실의 큰 어른은 풍양 조씨(역시 명문가인) 가문의 조 대비였다. 조 대비가 강하게 밀어붙이면 안동 김씨도 반발할 명분이 없었다. 이럴 줄 알고 이하응은 진작부터 조 대비한테 끈을 대고 있었다.

이하응의 아들 가운데 누구를 철종의 후계자로 삼아야 할까? 고종 위로 형이 둘 있었다. 첫째 아들 이재선李載先, 1842~1881은 1842년 생으로, 일단 서자라서 왕으로 세우긴 곤란했다. 그다음 아들 이재면李載晃, 1845~1912은, 1845년 생으로 민씨 부인과의 사이에서 태어난 적장자이긴 하지만 이미 장가를 가버려서 알맞지 않았다.

그다음 아들이 바로 고종이었다(어릴 때 이름은 이명복李命福이다). 영리한 아이라는 평이 있었지만, 다른 무엇보다 나이가 어리다는 점이 중요했다. 12세밖에 되지 않았고 장가도 안 갔다. 나이가 어리니 왕위에 올라도 한동안 나이 많은 어른이 정치를 대신 맡아야 했다. 조선은 신하와 왕이 서로 철저하게 견제하도록 제도를 짜놓은 나라였다. 하지만 '왕의 아버지'라는 위치는 제도에 없는 자리이기 때문에 견제를 받지 않는 권력을 휘두를 수 있었다(물론 왕인 아들이 허락만 해주면 말이다).

고종이 미혼이라는 것도 안동 김씨 집안을 달랠 수 있다는 점에서 중요했다. 안동 김씨가 세도 정치를 펴는 근원은, 대대로 왕비를 김씨 집안에서 냈기 때문이다. 어린 고종은 부인 자리가 비어 있었고, 대원군과 안동 김씨 사이에 밀약이 있었다는 설이 있다. 고종의 왕비를 안동 김씨 집안에서 간택하겠다고 약속하는 대신, 고종이 즉위할 때 김씨 쪽에서 반대하지 않도록 '빅딜big deal'을 했다는 것이다.

그런데 대원군 이하응이 누구인가. 고종 임금의 결혼을 추진하면서 안동 김씨의 뒤통수를 친다. 1866년 음력 1월 1일, 대왕대비 조씨가 고종의 왕비 간택을 위해 12세부터 17세까지 조선에 있는 모든 처녀에게 금혼령을 내렸다. 2월 25일에 1차로 후보자들을 뽑고, 3월 6일에 3차 선발을 통해 민승호의 동생 민씨가 확정되었다. 안동 김씨가 아니라 여흥 민씨를 사돈으로 택한 것이다.

3월 21일에 고종이 운현궁에서 민씨를 데리고 창덕궁으로 돌아오는 행사를 치렀다. 촌수를 계산하면 범상치 않은 결혼이었다. 왕비 민씨의 시어머니(부대부인 민씨)의 친동생이 민승호인데, 그는 왕비 민씨의 양오라버니다. 민승호의 입양 사실을 빼놓고 며느리와 시어머니의 촌수만을 따지자면 12촌 자매가 된다고 한다(항렬이 같다).

대원군의 셈법은 이런 것이 아니었을까. "명문 노론인 여흥 민씨와 연합해 안동 김씨를 견제하자. 게다가 민치록은 이미 고인이고, 왕비 민씨는 친남매인 남자 형제가 없으며, 양남매인 민승호는 대원군과 오랜 친분이 있다. 그러니, 왕비의 집안을 내 뜻대로 제어할 수 있을 것이다"라고 말이다. 대원군 스스로는 신의 한 수라고 생각했을 것이다.

물론 계산처럼 되지 않았다는 사실을 우리는 안다. 고종은 왕이 되고 10년이 지나던 즈음인 1873년, 아버지와 권력 대결을 벌였다. 여흥 민씨는 고종의 편을 들었고, 같은 이씨 중에서도 대원군에게 등을 돌리는 사람들이 나왔다. 대원군의 형 이최응李最應, 1815~1882과 큰아들 이재면까지 고종과 여흥 민씨 편에 가서 붙었다. 대원군은 버텨내지 못했고 하루 아침에 권력을 잃었다.

옛 친구 민승호가 이하응을 제대로 보내버린 셈이었다. 대원군은 배신감에 치를 떨었으리라. 얼마 지나지 않아 민승호에게 웬 선물 상자가 배달됐다. "귀한 물건이니 가족끼리 모여 열어보십시오"라고 적혀 있었다. 오순도순 일가족이 모여 상자를 열자 폭탄이 터졌다. 이때 민승호뿐 아니라 그의 양어머니 한산 이씨(명성황후의 친어머니)도 목숨을 잃었다. 게다가 민승호의 후사도 끊겨 명성황후의 아버지 민치록의 대를 잇지 못할 위기에 놓였다. 똘똘한 청년이라던 친척 민영익閔泳翊, 1860~1914을 민승호의 양자로 삼고서야 퍼스트레이디의 집안이 멸문당할 위기를 겨우 벗어날 수 있었다.

당연한 이야기지만, 폭탄을 보낸 것이 대원군이라는 소문이 자자했다. 민승호의 양자가 된 민영익이 대원군한테 복수하겠다고 다짐했다는 소문도 퍼졌다. 피를 피로 갚는 가문의 전쟁이 시작될 참이었다.

한편 안동 김씨 집안의 재주 많은 도련님이었던 김옥균金玉均, 1851~1894은, 자기 손으로 조선을 뜯어고치고자 하는 야심을 키웠다. 명성황후는 서구화·근대화 프로젝트를 이제 조카가 된 민영익에게 맡기려 했다. 하지만 김옥균은 고종의 총애를 받는 데 성공했고, 김옥균과 그의 친구들은 옛 친구 민영익을 죽일 계획을 꾸민다. 이것이 1884년의 갑신정변甲申政變이다. 조선판 〈왕좌의 게임〉은 바야흐로 오랜 인연이 얽히고설킨 피비린내 나는 싸움으로 전개되려 하고 있었다.

✦ 임금님의 첫사랑과 삼각관계

고종의 어린 시절 이야기로 돌아가보자. 여기서부터는 청춘 남녀의 삼각관계 이야기다. 명성황후를 만나기 전에 고종이 사랑했던, 황제의 첫사랑 귀인 이씨貴人 李氏, 1843~1928는 누구인가. 집안이 정해준 결혼을 할 당시 고종한테는 이미 사랑하는 여인이 있었다는 것이다. 잘 알려진 이야기가 아니라서 더 눈길을 끈다.

대원군의 의지에 따라 1866년 16세의 명성황후 민씨는 15세의 고종과 결혼해 궁궐에 들어온다. 궁궐에 들어온 민씨는 처음에는 새로 시집온 색시가 하는 일을 했다. 챙겨야 할 시댁 식구도 많았는데, 조 대비, 헌종비, 철종비를 모시고 갖가지 궁중 행사를 치러야 했으니, 아무리 궁중 생활이라고 해도 시집살이는 고달팠을 것이다.

게다가 고종한테는 이미 다른 여인이 있었다. 1863년 12세의 나이로 임금이 된 고종은 외로웠을 것이다. 그러다 이씨 성을 가진 궁녀와 사랑에 빠졌다(훗날 귀인 이씨가 된다). 민씨와 결혼한 첫날밤에도 고종은 각시 대신 이씨의 방을 찾았다는 말이 있다.

"한 남자, 집안에서 정해준 남자의 배필, 그리고 남자의 첫사랑"이라는 드라마틱한 청춘 남녀의 삼각관계가 펼쳐지고 있던 때였다. 게다가 남자가 임금이고 보니, 권력 다툼이 엮이며 이 삼각관계는 왕실을 들었다 놨다 하는 무시무시한 이야기로 발전한다.

헌종憲宗, 1827~1849(24대)도 철종(25대)도 후사를 남기지 못했기 때문에, 조선 말에는 임금의 씨가 매우 귀했다. 따라서 새로 임금이 된 고종

(26대)에게는 아들을 낳는 문제가 매우 중요했다. 1868년 귀인 이씨가 먼저 아들을 낳았다. 훗날 완화군 이선完和君 李墡, 1868~1880으로 알려진 인물이다. 대원군은 손자 완화군이 마음에 쏙 들어서 세자로 삼고 싶어 했다는 이야기도 있다.

명성황후 민씨는 마음이 급했다. 마침내 1871년 아들을 낳았는데, 이럴 수가, 고열에 시달리다가 닷새 만에 그만 숨을 거두고 말았다. 5년을 기다리던 아이인 만큼, 얼마나 충격이 컸을까.

음모론도 있다. 민씨가 낳은 갓난아이한테 대원군이 지어 보낸 한약이 수상했다. '몸에 좋으라고 귀한 산삼을 많이 넣었다고는 하는데, 가만, 생각해보니 산삼은 몸을 뜨겁게 하는 약이 아닌가. 혹시 완화군을 세자로 만들기 위해 대원군이 일부러 어린 손자를 죽였다면?' 하는 추측이 그것이다. 있을 법한 이야기가 아니지만, 명성황후와 대원군의 사이는 이 무렵부터 차츰 서먹해져갔다. 사실 음모론까지 끌어들이지 않더라도, 완화군을 대원군이 대놓고 총애하는 모습에 명성황후가 속이 끓었을 것은 분명하다.

그러나 정말로 명성황후와 대원군의 사이를 갈라놓은 것은 고종이었다. 고종은 야심 많은 젊은이로 자랐고, "개혁 군주"가 되고 싶었다. 고종의 '롤 모델'은 정조였다고 한다. "동방에 처음 있는(조선뿐 아니라) 군주가 되고 싶어 했다"는 당시의 기록도 있다. 그러려면 일단 아버지 대원군이 가져간 권력부터 찾아와야 했다.

마침내 1873년, 고종이 왕이 된 지 10년 만에(명성황후가 어린 아들을 잃은 지 2년 만에), 대원군은 실각한다. 당시 대원군을 밀어낸 것은 최익현崔益鉉, 1833~1906의 상소문이었다. 임금이 장성했는데 왜 아버지가 계속 정치를 하냐는 내용이었다. 대원군 쪽에서는 반박을 하고 싶어도 명분이 없었다. 고종이 상소를 물리쳐주기를 내심 바랐겠지만, 당연히 그런 일은 일어나지 않았다(심지어 여흥 민씨를 통해 최익현을 부추겼다는 말도 있다). 결국 대원군은 권력을 내려놓고 물러난다.

일부에서는 대원군의 "쇄국 정책"과 고종의 "개화 정책"이 대결한 끝에 대원군이 실각했다고 막연하게 생각하는 경우가 많은데, 정말 그런지는 확실하지 않다. 최익현은 명망 높은 유생이었고, 위정척사衛正斥邪에 목숨을 걸었던 분이다(나중에 일본에 맞서 의병을 일으켰다가 순국한다). 이런 이가 개화를 위해 대원군을 밀어냈을 리 없다. 대원군이 집권한 동안 쇄국 정책을 한 것은 명백한 사실이다. 프랑스하고 전쟁도 하고병인양요·丙寅洋擾(1866), 미국하고도 맞장을 떴다신미양요·辛未洋擾(1871).

하지만 대원군이 정말 쇄국을 원해서 그랬는지는 모를 일이다. 대원군의 아내 부대부인 민씨는 유명한 천주교인이었는데, 당시 천주교는 서학이라 해 서구화의 상징과도 같았다. 그래서 대원군 집권 초기인 1860년대에는 명문 집안인 의령 남씨와 손잡고 프랑스 세력을 끌어들일 구상도 대원군이 했다는데, 계획대로 되지 않자 쇄국 정책으로 180도 돌아섰다는 것이다.

반면 1890년대 이후 대원군이 정계 복귀를 노리고 정치 공작을 꾸밀 때에는 일본 세력이나 개화파와도 자주 손잡았다. 대원군은 그때그때

지금까지 발견된 명성황후의 사진은 모두 그녀의 사진
으로 '추정'될 뿐, 진위가 명확한 사진은 여전히 발견
되지 않은 상태라고 한다.

현실을 따라가는 노회한 정치인이 아니었을까. 고종에게 권력이 넘어가
지 않았더라면 1870년대 후반에는 대원군도 어떻게든 개화를 시도했을
지도 모를 일이다.

　고종이 개화를 원한 건 사실이다. 서두른다 싶을 정도로 개혁·개방을
밀어붙였다. 서구화에 반대하는 지식인도 적지 않았고 개항 이후 물가
가 폭등하며 손해 본 사람도 많았기 때문에, 살얼음판을 걷는 것처럼 아
슬아슬한 상황이었는데도 말이다. 조금만 삐끗하면 다양한 정치 세력과
외국 세력한테 권력을 빼앗길 판이었고, 고종 입장에서는 처갓집인 여
흥 민씨 집안만큼 믿을 만한 사람들이 없었다. 고종과 명성황후는 처음
에는 서먹했을지 몰라도 시간이 갈수록 서로 의지하는 "정치적 파트너"
가 되었다. 그러는 사이 첫사랑 귀인 이씨는 차츰 잊혀져갔다.

귀인 이씨는 슬픈 운명을 맞이하게 된다. 대원군이 실각한 이듬해인 1874년에 명성황후가 드디어 세자를 낳은 것이다. 훗날의 순종純宗, 1874~1926(27대) 임금이다. 정실부인 민씨의 자리는 이제 탄탄해진 데다, 그나마 귀인 이씨를 좋게 봐주던 대원군도 힘을 잃었으니, 귀인 이씨와 아들 완화군의 상황은 좋지 않았다. 1880년 건강하던 완화군이 병으로 죽었다. 으레 그렇듯 여기에도 음모론이 있다. 명성황후가 수를 쓴 것은 아닐까 하는 설인데, 이 역시 있을 법한 이야기는 아니다. 어쨌거나 귀인 이씨는 충격이 컸고, 실어증에 걸렸다고도 하며, 그 후 얼마 안 가 쓸쓸히 세상을 떠났다.

✢ 잊지 못한 아내, 명성황후

이제 "정치 지도자" 명성황후에 대해 살펴보자. 명성황후를 마냥 좋게 이야기하기는 어려울 것 같다. 뮤지컬이나 영화로 보는 '비운의 여걸' 명성황후는 지나치게 이상화되어 있고, '시아버지에게 대든 며느리'라느니 '나라를 망친 팜므 파탈Femme fatale'이라느니 따위의 여성 비하적 견해에 동조하고 싶은 생각도 없다. 앞서 어린 시절 이야기도 나왔지만, 역사적 사실과 사람들의 증언 모두 그녀가 당차고 대담한 여인이었음을 보여준다. 하지만 지도자로서의 명성황후를 이야기하는 일은 복잡한 문제가 아닐 수 없다.

명성황후의 외모는 정확하게 알려진 바가 없다. 그녀의 사진이라고 주장되는 여인 사진 몇 장이 남아 있을 뿐으로, 그 가운데 누가 명성황후인지는 알 수 없다. 왜 사진을 많이 찍지 않았는지도 의문이며, 아예 사진을 남기지 않았을지도 모른다. 옛날 사람답게 사진 찍기를 꺼렸다는 이야기가 있는데, 고종이 갖가지 패션을 갈아입으며 다양한 사진을 남겼고, 순종이나 순헌황귀비 엄씨純獻皇貴妃 嚴氏, 1854~1911 역시 다양한 사진을 남긴 일을 생각하면 그럴 법하지는 않다. 얼굴이 알려지면 암살당할까 봐 사진을 안 찍었다는 주장도 있다. 을미사변 때 일본 자객들이 닥치는 대로 조선인 궁녀를 죽인 까닭이 명성황후의 얼굴을 몰라서였다는 말도 있지만 이 역시 사실인지 아닌지 알 수 없다.

국제 정세에 관심이 많았던 명성황후는 외국인을 만나 자주 정보를 얻었는데, 명성황후의 얼굴에 대한 외국인의 증언을 참고하면, 하얀 얼굴에 영리해 보이는 스타일이었나 보다. "가냘픈 몸매에 창백한 얼굴, 날카로운 눈과 뚜렷한 이목구비"라는 언더우드 여사의 증언도, "진주처럼 희고 투명한 피부에 칠흑같이 검은 머리칼을 한 우아한 여성"이라는 비숍 여사의 증언도, 모두 그녀가 작지만 야무진 사람이었다는 사실을 보여준다.

게다가 똑똑한 사람이었으며 기억력이 특히 좋았다고 한다. 요즘말로 '포토 메모리'였던 것 같다. 어려서 글을 배울 때도 몇 번 읽고 줄줄 외웠다고 하는데, 훗날 사람을 기용할 때도 어느 당파·어느 집안·어느 항렬 사람인지를 술술 읊을 수 있을 정도였다고 한다. 머릿속에 공직자 데이터베이스가 들어 있었던 셈이다.

심지어 명성황후는 공부를 좋아했다. 가장 좋아하는 과목은 역사로, 중국사와 한국사에 모르는 것이 없었고, 주석까지 구해서 읽었으며, 때때로 역사책에 나오지 않는 이야기까지 들어 알고 있었다고 한다.

그런 이지적인 명성황후도 허점이 있었는데, 아들 순종에 관해서는 판단이 흐렸다. 첫아들을 닷새 만에 잃었던 경험이, 그녀를 맹목적인 어머니로 만들었다. 순종도 어려서부터 몸이 약했고, 총명한 부모와 달리 임금이 될 재목은 아니었다고도 한다. 하지만 명성황후는 아들을 왕으로 만들기 위해 무슨 일이든 했고, 왕비가 세자를 위해 굿판을 벌이느라 무지막지한 예산을 낭비한다는 소문이 돌았다. 마침 개항으로 물가가 널뛰며 민생이 불안하던 시절이었다. 경제는 파탄이 났고 집권층은 백성들 눈 밖에 났다. 게다가 개화를 주도하던 세력이 왕비의 집안사람인 여흥 민씨였던지라, 명성황후는 사람들이 원망하는 대상이었다.

여러 번 살펴보았지만, 명성황후는 강단 있고 대담한 성격이었던 탓에 나라 안팎에 적도 많이 만들었다. 1882년에는 구식 군인들과 도시 빈민이 들고 일어나, 복수를 꿈꾸는 대원군과 손잡고 궁궐로 쳐들어왔다. 이것이 유명한 '임오군란壬午軍亂'이다. 1884년에는 여흥 민씨를 축출하고 자기네가 개혁의 주도권을 잡겠다며 안동 김씨 집안의 수재 도련님 김옥균이 동료들을 모아 일으킨 쿠데타, '갑신정변'이 일어났다.

위기를 겪으며 고종과 명성황후의 파트너십은 더욱 튼튼해졌다. 고종은 사랑뿐 아니라 믿고 의지할 수 있는 정치적 멘토가 필요했고, 명성황후는 그 역할을 했다. 훗날 고종은 다음과 같은 글을 직접 남겼다.

타고난 예지와 날카로운 의리로 어려울 때 살뜰히 도와주었고(고종을), 근심거리가 있으면 반드시 대책을 세워 풀어주었으며, 특히 외국과 교섭하는 문제에서 황후는 먼 나라를 끌어들여 가까이하라는 정책을 권고했는데, 여기에는 외국 사람들도 감탄했다.

1894년에는 일본 군대가 경복궁에 들이닥쳤다. 명성황후는 세자와 함께 피신할 궁리를 하던 고종을 설득하고, 궁궐을 지키며 침착하게 대책을 마련했다. 청일 전쟁淸日戰爭(1894) 동안 일본 군대가 청나라 군대를 곳곳에서 물리치며 한반도를 집어삼킬 기세였지만, 명성황후는 일본의 승리를 무효로 만들고 조선의 독립을 지킬 방법을 모색했다. 러시아의 지원을 받아 일본을 견제하려 했던 것이다. 그러나 당시만 해도 러시아는 일본과 충돌할 생각이 없었기에 기대만큼 적극적으로 나서주지 않았다. 러시아 대사 베베르Karl Ivanovich Veber, ?~?가 인사치레로 하는 말을 액면 그대로 믿은 것이 명성황후의 실수였다는 분석도 있다.

한편 외교전을 통해 활로를 마련하려는 고종과 명성황후를 보며, 일본 세력은 이대로 가면 조선에서 쌓은 영향력이 사라질지도 모른다고 생각했다. 외교전을 통해 조선이 자주 독립을 되찾으면 일본 입장에서는 지금까지 공들인 일이 무너지는 셈이었다. 조급해진 일본은 1895년 자객을 궁궐 안으로 들여보내 명성황후를 암살한다. 사상 초유의 정치 테러였다.

무지막지한 폭력으로 '정치적 동반자'를 잃은 고종은 크게 슬퍼했고,

두고두고 명성황후를 그리워했다. 고종은 죽은 아내에 대한 애타는 마음을 숨기지 않았고, 때로 도가 지나쳐 세상이 흉을 볼 정도였다. 유령을 본다는 사람을 궁궐에 불러들여 명성황후의 유령이 지금 곁에 있느냐고 묻곤 했다.

이런 일도 있었다. 성강호라는 심령술사가 궁궐에 들어왔을 때, 갑자기 그가 벌떡 일어나더니 빈자리를 향해 절을 했다. 어째서 그러느냐고 고종이 묻자 "황후의 신령이 오시어 자리에 오르고 계십니다"라고 대답했다. 아무리 봐도 사기지만, 고종은 그 말을 듣자 대성통곡을 했다고 한다. 명성황후가 생각날 때마다 고종이 성강호를 궁궐로 불렀던 탓에, 성강호에게 줄을 대는 사람들이 그렇게 많았다고 한다.

그렇다고 고종이 명성황후만 생각하며 남은 평생을 쓸쓸히 보낸 것은 아니었다. 오히려 그 반대였다. 명성황후의 빈자리를 채우고 싶었던 건지, 아내가 죽자마자 고종은 한때 사랑을 나누었던 여인을 불러들였다. 훗날 엄 황귀비가 되는 엄 상궁이 그 사람이다.

✤ 순헌황귀비 엄씨의 인생 역전

고종과 명성황후의 결혼사가 항상 순탄했던 것은 아니다. 고종과 첫사랑이었던 귀인 이씨 사이에서 태어난 아들 완화군이 1880년에 세상을 떠난 뒤, 이제 별일 없을까 했는데 고종의 '외도' 사건이 명성황후를 놀라게 한다. 물론 조선 시대 봉건 군주가 궁녀와 후궁을 두는 것은 당대

사진으로 남은 엄 황귀비의 외모를 보면, 사람 좋아 보이는 얼굴이기는 하지만, 경국지색의 이미지는 아니다. 1885년 고종과 스캔들이 일어날 당시 엄 황귀비의 나이는 31세였는데, 나이 차이도 거의 나지 않던 명성황후의 기분은 당연히 불쾌했을 것이다.

로서는 자연스러운 일이었다. 자식을 많이 낳아 종친의 수를 늘리는 것도 임금한테는 '업무'에 해당했기 때문이다.

다만 그 상대가 문제였다. 고종의 성은을 입은 상궁 엄씨가 하필이면 명성황후가 아끼던 궁녀였던 것이다. 1885년 엄 상궁은 명성황후의 노여움을 사 궁궐 밖으로 쫓겨난다.

엄 황귀비는 1854년 가난한 평민 집안에서 태어났다. 8세에 궁녀가 된 까닭도 집이 가난하기 때문이었던 것 같다. 20여 년이나 궁궐 생활을 한 끝에 고종의 눈에 들었지만 1885년 궁에서 쫓겨나 10년 동안 궁궐 밖에 살았다.

그러다가 1895년 을미사변이 일어났다. 명성황후가 죽자 고종은 크게 슬퍼하면서도, 그녀의 빈자리를 채우고 싶었는지 엄 황귀비를 10년 만에 다시 궁으로 불러들였다. 엄 황귀비의 능력이 필요하기도 했다(외로움을 달래기 위해서만은 아니었다). 을미사변 이후 궁궐은 일본 세력의 감시에 놓여 있어서 무슨 일이든 일본 측에 보고가 되는 터였다. 고종은 생명의 위협도 느꼈다. 궁궐 안에서 독살당할까 봐 걱정이 되어, 한동안 알렌 같은 서양 사람이 궁궐 밖에서 반입하는 음식만 먹어야 했다. 이런 상황이었으니, 궁궐 사정을 훤히 아는 엄 황귀비가 얼마나 큰 도움이 되었겠는가.

고종의 당면 과제는 경복궁을 탈출하는 일이었다. 1895년 11월 말에는 춘생문 사건이 일어났다. 고종을 지지하는 이들이 경복궁의 춘생문으로 병사 800명을 동원하면 고종이 궁궐을 빠져나간다는 작전이었지만, 결국 실패했다. 그런데 사내들이 못한 이 일을 엄 황귀비가 해낸다.

1896년 2월 엄 황귀비는 가마를 타고 정동 러시아 공사관을 방문한다. 이전부터 종종 가마를 타고 나들이를 다녔기 때문에 일본 측도 별 신경을 쓰지 않았다고 한다. 그런데 그 가마 안에 고종이 함께 타고 있었다. 감시자들의 허를 찌른 담대한 작전이었다. 고종과 세자가 궁궐을 빠져나가자 정국은 뒤집혔고 친일 내각은 무너졌다. 이것이 유명한 '아관 파천俄館播遷'(1896)이다('아관'은 러시아 공사관, '파천'은 임금이 피난 가는 일을 말한다).

아관 파천은, 일본 세력을 따돌리고 다시 뭔가 해볼 기회를 얻었다는 점에서는 긍정적이지만, 하필 그 장소가 다른 나라 공사관이었다는 점에서 평가하기 미묘한 사건이다. 현실적으로 어쩔 수 없었다는 것도 사

1900년 즈음에 그려진 것으로 추정되는 〈황제의 황룡포를 입은 고종〉의 그림을 바탕으로 제작한 클레이 아트.

실이지만 나라의 체면을 구겼다는 점과, 러시아 공사관에 신세를 진 탓에 러시아로 여러 이권이 넘어간 일은 부정적이다.

아무튼 이때 엄 황귀비가 보인 기지와 대담함은 인상 깊은 것이었다. 이때부터 그녀는 퍼스트레이디로 자리를 굳힌다. 명성황후의 빈자리를 채운 것이다. 엄 황귀비는 이듬해인 1897년에는 고종의 아들을 낳고, 이후 차례차례 귀인貴人, 순빈淳嬪, 순비淳妃, 황귀비皇貴妃의 자리에 오른다. 황귀비가 될 때는 신분이 낮다는 이유로 일부 왕족의 반대에 부딪치기도 하지만, 고종은 굳건히 그녀 편이었다. 다만 황후의 자리만큼은 명성황후에게만 주어지고 엄 황귀비한테는 오지 않았다.

말년에는 나라가 어려워져 정치 활동을 할 수 없었지만, 그 대신 다음 세대의 인재를 양성하는 일에 나섰다. 그녀는 사재를 털어 학교를 여럿 세우고 장학금을 댔으며, 여학교를 세워 여성 교육에도 앞장섰다.

당시의 역사를 기록한 지식인 황현黃玹, 1855~1910은 《매천야록梅泉野錄》에서, 고종이 엄 황귀비를 좋아한 까닭이 엄 황귀비가 명성황후와 꼭 닮았기 때문이라고 했다. 명성황후의 외모에 대한 외국인의 증언과 엄 황귀비가 남긴 사진 속 얼굴은 서로 비슷하지가 않으므로, 성격과 지략이 닮았다는 의미 같다. 물론 황현은 전통적인 남존여비 사상에 익숙했기 때문에 이를 좋게 보지는 않았지만 말이다.

명성황후나 엄 황귀비에 대한 평가가 좋지 않은 까닭은, 여성의 사회 진출에 대해 부정적이었던 옛날 한국의 낡은 사고 때문이 아니었을까 추측된다. 고종을 "표독한 아내에게 휘둘린 유약한 남자"라거나 "고부 갈등에서 부인 편을 든 쪼다"라는 등의 잘못된 이미지로 상상하는 사람이 많은 이유라고도 생각한다.

하지만 우리가 살펴본 것처럼 명성황후 민씨나 순헌황귀비 엄씨 및 고종 황제는 정치인으로서는 상당히 유능했으며, 의욕도 넘치고 노력도 많이 했다. 이들에 대한 재평가가 이루어져야 한다는 학계의 주장에 나는 동의한다. 그렇다면 지도자가 유능했는데 왜 나라가 망했을까? 운이 없었다고 할지, 일본이 그때 너무 강했다고 할지 딱 잘라 말하기는 어렵지만, 고종의 정치에 결정적인 문제가 하나 있었다고 나는 생각한다.

✝ 대한제국 쇠망사

1897년 러시아 공사관에서 돌아온 고종은 황제의 자리에 올라 대한제국을 선포한다. 웬 뜬금없는 제국 놀음이냐며 비웃는 사람도 있겠지만, 고종도 생각이 있었다. 적어도 허영심으로 벌인 헛소동은 아니었다. 한반도의 운명을 좌우하는 4개국(미국·일본·중국·러시아) 가운데 3개국이 제국이었다. 중국의 황제, 일본의 천황, 러시아의 차르tsar는 국제 사회에서 황제로 인정받았다.

국제 무대에서 외교로 승부를 보기 위해 조선도 급수를 맞춰줘야겠다는 생각은 충분히 합리적이었다. 그런데 제국은 하고 싶다고 마음대로할 수 있는 것은 아니어서, 다른 나라로부터 인정을 받아야 했다.

첫 번째 방법은 다른 나라가 가진 황제 자리를 빼앗아오는 것이다. 예를 들어 영국은 인도 무굴 제국을 집어삼키며 영국 국왕이 황제 자리를겸하게 됐다. 당시 세상에서 가장 힘센 나라였던 영국조차 이렇게 해야제국이 될 수 있었다. 물론 조선이 택할 수 있는 방법은 아니었다.

두 번째 방법은 프랑스의 나폴레옹이 황제가 된 방법이다. 나폴레옹도, 그의 조카 나폴레옹 3세도 국민 투표를 통해 제국을 선포했다(오늘날 알려진 이미지와는 달리).

고종은 국제 정세에 밝은 사람이었다. 프랑스처럼 국민 투표나 그 비슷한 무언가를 통해 제국을 선포하기로 했다. 여기까지는 그럴듯했는데, 문제가 하나 있었다.

고종은 국민에게 투표권을 줄 생각이 없었다. 그리하여 고종이 택한 방법은, 국제 사회에 "조선에는 투표라는 제도가 없지만, 대신 상소가 국민 여론을 반영한다"고 설명하는 것이었다. 게다가 마침, 고종이 황제의 자리에 올라야 한다는 각계각층의 상소가 이 무렵 빗발쳤다(분명 고종이 수를 썼을 것 같다). 아무튼 이렇게 해서 1897년 조선은 대한제국이 되고 고종은 황제가 됐다. 반대하는 나라도 없지는 않았으나, 국제 사회는 인정하는 분위기였다(별 관심이 없었다는 분석도 있다).

고종과 명성황후는 봉건 군주였다. 정치가로서 그들의 심각한 문제는, 백성과 손잡으려 하지 않았다는 것이다. 서양 문물을 받아들일 의욕은 충만했지만, 서양처럼 피지배층과의 합의를 통해 사회의 에너지를 충분히 끌어낼 마음은 없었다. 1882년 임오군란이 터졌을 때도, 1894년 동학 농민 운동이 일어났을 때도, 이들의 터져 나오는 에너지를 조선의 개혁·개방을 위해 이용할 생각을 하지 않았던 것을 보면, 고종과 명성황후는 이들을 적으로만 생각한 것 같다.

고종과 명성황후가 외교전에 '올인'한 까닭도 그래서였을 것이다. 자기 나라 국민보다는 외국 사람과 손잡는 것을 좋아했다. 앞서 살펴보았듯 민영환 같은 이가 국민개병을 주장했지만, 고종 황제는 자기 나라 국민에게 총을 쥐어줄 생각을 않았다. 물론 국가의 '중립화'처럼 오늘날에도 쉽지 않은 일이 징병만으로 착착 해결되었으리라는 보장은 없지만, 군대라도 있었다면 나라가 그렇게 허무하게 무너지지는 않았을 것이다.

고종은 개화를 부정적으로 보는 여론이 적지 않은 상황에서 개혁·개방의 드라이브가 성공하려면 권력이 분산되면 안 된다고 생각하며 권력

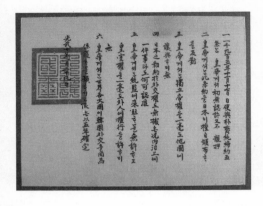

1906년 1월 29일에 을사조약의 무효함을 알리고자 영국 《트리뷴》 지의 스토리 기자에게 전달한 고종의 친서로 덕수궁 중명전에 전시되어 있다.

을 독점하려 했던 것 같다. 조선은 왕조 국가였으니 그렇게 생각하는 것도 당연하지만, 오늘날 우리의 관점으로는 그것을 "독재"라고 부를 수밖에 없다. 단기적으로는 성과를 낼지 모르지만, 20세기 이후로 독재가 좋은 결과를 가져온 경우는 많지 않다.

앞서 이야기한 대로, 고종의 롤 모델은 개혁 군주 정조였다. 다산 정약용의 책을 직접 읽으며, "정약용 같은 사람이 있다면 도움을 받을 수 있을 텐데" 하며 아쉬워했다고 한다. 왜 자기 시대의 백성한테는 도움을 청하지 않고, 옛날의 정약용만 그리워했던 건지 안타까울 따름이다.

결국 고종은 개혁 군주로서 실패했고, 개혁을 위한 노력도 물거품이 되었다. 1905년 을사조약乙巳條約으로 일본에게 국권을 빼앗긴 다음에도 고종은 포기하지 않고 외교전에 희망을 걸었지만, 1907년 일본에 의해 강제로 퇴위당하며 대한제국은 역사의 뒤안길로 사라지고 말았다. 그리고 1910년 일제 강점기가 시작되었다.

고종이 숨을 거둔 것은 1919년 1월 21일의 일이다. 일본이 독살했다는 이야기가 있다. 건강하던 고종 황제가 갑자기 경련을 일으키며 죽더니, 겨울 날씨였음에도 몸이 1∼2일 만에 부풀어 올라 시신의 바지를 벗길 때 옷을 찢어야 했다는 당시 목격자들의 증언도 있다. 동기는 충분하다. 고종이 독립운동의 상징적 구심일 뿐 아니라 실제로 독립운동 자금을 대기도 한다는 말이 있으니, 일제로서는 고종의 죽음을 바랄 만했다. 하지만 워낙 고령이었기 때문에 반드시 독살할 필요까지는 없었을지도 모른다.

독살의 진위 여부는 차치하고, 당시 조선 사람들은 이를 독살이라고 믿었고, 나라 잃은 설움은 분노가 되었다. 고종의 장례일을 맞아 조선 사람들은 길로 몰려나와 독립 만세 운동을 벌였다. 나라가 온통 만세 소리로 뒤덮였던 이 일이 바로 1919년의 3·1 운동이다.

아이러니가 아닐 수 없다. 명성황후도 고종도 생전에 민중을 믿지 않았지만, 고종의 죽음이 불러온 3·1 운동은 민중이 가진 힘이 얼마나 대단한지 보여주었다. 만일 고종이 권력을 백성과 함께 나누며 근대적인 정치 제도를 도입해 사회의 에너지를 최대로 이끌어냈다면 오늘날의 한국은 어떤 모습이었을까? 부질없는 상상을 해본다.

부와 명성은 내가 추구했던 게 아니었어요. 비록 세상 사람들은 내가 그것들만 원했다고 생각하지만, 그것들은 환상에 불과하죠. 그렇게 보일지 모르지만 진정한 해결책이 되지 못한답니다. 대답은 항상 이곳에 있었어요. 난 여러분을 사랑하고, 여러분도 날 사랑해주길 바라요. 아르헨티나여, 나를 위해 울지 마요.

chapter

05

에비타&후안 페론

이강혁

아르헨티나여, 나를 위해 울지 마요

글쓴이 이강혁

한국외국어대학교 서반아어과를 졸업하고, 대전외국어고등학교에서 스페인어 교사로 근무하고 있다. 교사 생활 틈틈이 스페인과 라틴 아메리카를 여행한 것과, 또 두 차례 산티아고 길을 걸으면서 느낀 '넓고 깊은 세상'을 학생들에게 전해주고 있다. 베토벤을 좋아하고, 지리산 언저리에서 살고 싶어 하는 이강혁은 《노래로 배우는 스페인어》, 《스페인 역사 다이제스트 100》, 《라틴아메리카 역사 다이제스트 100》, 《까미노 데 산띠아고》, 《스페인어 무작정 따라하기》, 《라틴 아메리카 문화의 즐거움》(공제) 등을 썼고, 번역서로는 《산티아고 북쪽 길》 등이 있다.

✝ 있는 자에겐 악녀, 없는 자에겐 성녀

부와 명성은 내가 추구했던 게 아니었어요.

비록 세상 사람들은 내가 그것들만 원했다고 생각하지만,

그것들은 환상에 불과하죠.

그렇게 보일지 모르지만 진정한 해결책이 되지 못한답니다.

대답은 항상 이곳에 있었어요.

난 여러분을 사랑하고, 여러분도 날 사랑해주길 바라요.

아르헨티나여, 나를 위해 울지 마요.

이 노랫말은 1976년 앤드루 로이드 웨버Andrew Lloyd Webber, 1948~ (영국의 뮤지컬 작곡가)가 작곡하고 팀 라이스Tim Rice, 1944~ (영국의 작사가·작가)가 가사를 붙인 〈Don't cry for me, Argentina!〉라는 노래의 일부 구절이다. 가사 내용은 1946년에 에바 페론Eva Perón, 1919~1952이 아르헨티나 대

통령 관저인 카사 로사다Casa Rosada(분홍빛 집) 앞에 운집한 "데스카미사도Descamisado(셔츠·정장을 입지 않은 사람들. 원래 프랑스 혁명에서 '퀼로트를 입지 않은'이란 의미의 '상퀼로트sans-culotte'에서 유래했다. 퀼로트는 끝단이 무릎까지 올라오는 짧은 바지로 귀족 계급의 상징이었던 반면에 하층 계급은 퀼로트가 아닌 긴 바지를 입었다)"에게 한 연설을 바탕으로 하고 있다. "데스카미사도"라는 말은, 처음에는 기득권층이 노동자들을 경멸하기 위해 사용했지만, 에바 페론은 노동자를 얘기할 때 이 말을 즐겨 사용했다. 대통령도 아닌 영부인에게 대한 하층 계급의 열렬한 지지는 무엇 때문이었을까?

에바 페론은 아르헨티나의 시골에서 사생아로 태어나 수도 부에노스아이레스로 무작정 상경해 연극배우, 라디오 성우 등을 하다가 유력한 정치가 후안 페론Juan Domingo Perón, 1895~1974과 결혼했다. 그녀는 후안 페론이 대통령으로 재임한 1946년부터 1952년까지 7년 동안 아르헨티나의 퍼스트레이디였던 입지전적인 인물로서 에바 페론 재단을 설립해 하층민들을 위한 병원·학교·고아원·양로원 등을 세우는 등 노동자와 서민을 위한 정책을 적극적으로 펼쳐 그들로부터 많은 지지를 얻었다.

이를 두고 포퓰리즘populism(경제적인 여건이 되지 않는데도 무책임하게 정책을 남발하는 대중 인기 영합주의)이란 말이 무성하지만, 후안 페론과 에바 페론은 외국 자본을 몰아내고 기간산업을 국유화했고, 노동자들에게 유리한 노동 입법을 추진함으로써 노동자들의 생활 수준을 급격히 향상시켰다. 특히 에바 페론은 노동·자선·보건 분야에 직접 개입해 아르헨티나를 노동자들의 천국으로 만들고자 했다.

뿐만 아니라 여권 신장 운동을 적극적으로 추천해, 여성에게도 참정권을 부여하고, 여성의 참여를 지원해 후안 페론의 재임 시절에는 31명의 여성이 상·하원에 진출했고 하원의 부의장도 여성이 맡을 정도였다.

에바 페론은 1952년 33세의 젊은 나이에 자궁암으로 세상을 떠났다. 출신 성분을 중시하는 아르헨티나의 상류층에게 눈엣가시와 같았던 그녀는 국가의 경제 현실을 고려하지 않은 선심성 정책으로 나라 경제를 피폐하게 만든 장본인이라는 비판을 받았다. 아울러 끊임없는 인플레이션과 높은 실업률 등으로 아르헨티나의 경제는 추락했고, 에바 페론이라는 성녀를 잃게 된 노동자들은 동요하기 시작해 나라의 경제에 나쁜 영향을 주었다.

세상을 떠난 뒤에도 노동자들로부터 성녀聖女로 추앙받았지만, 가진 자들에겐 악녀惡女로 비판받는 이 문제적 인물의 삶과 사랑을 살펴보자.

✦ 어린 시절에 맺힌 한

에바 페론의 원래 이름은 마리아 에바 두아르테María Eva Duarte다. 그녀는 1919년 부에노스아이레스에서 서쪽으로 약 300킬로미터 떨어진 후닌Junín 근교의 로스톨도스Los Toldos (후닌 근교의 또 다른 마을인 라우니온La

어느 정도 유명세를 타기 시작할 무렵의 에바.

Unión이라는 설도 있다)에서 태어났다.

　에바는 농장주이면서 후닌 근교의 치빌코이Chivilcoy에서 영향력 있는 정치인이었던 후안 두아르테Juan Duarte, 1858~1926와 그 집의 가정부였던 어머니 후아나 이바르구렌Juana Ibarguren,1894~1971 사이에서 5남매 중 막내로 태어났다.

　에바의 아버지 후안 두아르테는 본부인과의 사이에 이미 6명의 자녀를 두고 있었다. 당시 시골의 상류층 남자들이 정식 결혼한 아내 외에 또 다른 여성과 가정을 이루는 것은 일반적인 현상이었다.

　에바가 7세 때 그녀의 아버지는 자동차 사고로 세상을 떠났다. 에바의 가족은 문상을 갔지만, 본부인의 가족이 문상을 막는 바람에 장례식장에 들어가지 못하는 수모를 겪었다. 당시에는 정식 결혼을 통해서 낳은 자식이 아닌 사생아에 대한 사회적인 차별이 엄연히 존재했었다. 훗날 에바 페론은 자신의 자서전 《내 삶의 이유^{La razón de mi vida}》(1951)에서 이렇게 언급한다.

> 오늘의 내 삶은 어린 시절에 느꼈던 첫 감정, 즉 "정의롭지 못한 것에 대한 나의 분노"로 설명될 수 있다. 이러한 분노는 내 마음속에 굳어져 결코 사라지지 않고 내 영혼을 아프게 했다.

이런 어린 시절의 경험으로 인해서 에바는 하층 계급과 여성의 처우 개선에 온 힘을 다했던 것이다.

아버지의 죽음으로 에바 가족은 경제적으로 매우 어려워졌고, 어머니는 삯바느질로 생계를 이었다. 11세이던 1930년에 에바 가족이 후닌으로 이사하면서, 에바는 후닌의 초등학교에 다녔다. 그녀는 학업 성적이 좋지는 않았지만 학교의 각종 축제에서 자신의 끼를 발휘했다. 그녀의 선생님이었던 팔미라 레페티^{Palmira Repetti}는 다음과 같이 에바를 회상했다.

> 1933년에 그녀는 심리적으로 약간 불안정해 보였지만 도자기 같은 피부에 검은 머리를 가진 매우 아름다운 14세의 소녀였으며 학교 축제에서 뛰어난 능력을 보였다. 그녀는 언젠가 내게 학교를 마치고 배우가 되기 위해서 후닌을 떠나고 싶다고 말한 적이 있다. 그 시절에 시골 소녀가 고향을 떠나 수도 부에노스아이레스로 간다는 것은 극히 드문 일이었지만,

나는 그녀의 성공을 확신했다. 그녀가 학교 축제에서 많은 학생들 앞에서 했던 시 낭송을 보고 그녀의 재능이 범상치 않다고 생각했기 때문이다.

배우를 꿈꾸는 소녀가 상경해 조국의 미래를 꿈꾸는 퍼스트레이디가 된 사실은 어떤 드라마보다 더 극적이라 할 수 있다. 그녀는 1934년에 수도인 부에노스아이레스로 갔지만 일자리를 구하지 못해 다시 고향으로 돌아왔다. 이렇게 어린 시절의 차별과 곤궁함으로 인해서 맺힌 한이 훗날 여성과 남성 간의 평등, 어린이 존중 등을 위한 정책을 시행하는 원동력이 되었다. 그렇다면 에비타의 나라 아르헨티나는 당시에 과연 어떤 상황이었을까?

✢은의 나라, 아르헨티나

'아르헨티나'는 '은銀'을 뜻하는 라틴어 '아르젠툼 ^{argentum}'에서 유래했다. 16세기 스페인의 탐험가들은 남아메리카 남단의 대서양 연안에서 얻고자 했던 은을 찾지 못했다. 따라서 스페인 식민 통치 시대의 아르헨티나 지역은, 아즈텍·마야 문명의 멕시코 지역이나 잉카 문명의 페루 지역처럼 그렇게 중요한 곳이 아니었다. 뿐만 아니라 오랜 기간 카우디요 ^{caudillo} 라고 불리는 지도자들이 각 지역을 실질적으로 다스리고 있었기 때문에 스페인은 이곳에 많은 관료를 파견하지 않았다.

아르헨티나는 1816년에 스페인으로부터 독립했다. 독립 후, 자유주의자들과 보수주의자들 간의 대립이 발생했다. 자유주의자들은 식민 통치 시대 동안 이어져온 전통과의 완전한 단절을 통해 근대 국가를 건설하려 했고, 보수주의자들은 카우디요들을 중심으로 각 지방에 독자적인 세력을 구축하려 했다. 이러한 상황에서 1835년 후안 마누엘 데 로사스 Juan Manuel de Rosas, 1793~1877가 부에노스아이레스 주지사에 취임해 강력한 독재 정치를 폈다. 이에 다른 지방의 유력 카우디요들과 자유주의자들이 반기를 들어 1852년 로사스를 외국으로 추방시켰다.

로사스의 독재 이후, 아르헨티나는 1880년부터 1930년까지 유럽에 많은 농축산물을 수출해 비약적인 경제 발전을 이루었다. 그렇지만 풍부한 자원에 비해 자본과 노동력이 부족했던 아르헨티나는, 영국으로부터 자본을 들여오고, 이탈리아·스페인 등 유럽으로부터 대규모 이민을 받아들였다. 예를 들어 1914년의 경우 팜파Pampa 지역에 거주하고 있던 외국인의 수는 아르헨티나 국민의 두 배에 이르렀다. 외국인들의 절반 이상은 몇 주 동안 일하고 돈을 벌어 다시 유럽으로 돌아가는, 이른바 '제비golondrina'라 불리는 계절노동자였다.

이 시기에는 땅을 파는 인부가 일주일 동안 일하면 수백 마리의 양羊을 살 수 있을 정도로 모든 게 풍요로웠다. 정부는 외국 자본과 기술을 바탕으로 철도를 건설했고 원주민의 주거 지역을 점령해 농지를 크게 넓혔다. 아르헨티나는 남미의 종주국이 될 정도로 부강한 나라가 되었고, 부에노스아이레스는 아메리카 대륙에서 뉴욕에 버금가는 거대 도시가 되었다('못사는 남미'라는 선입견은 근래의 경제 상황에 의해서 생긴 것이다.

남미 중에서도 특히 아르헨티나는 20세기 중반까지 우리나라보다 부유했다).

그러나 이러한 성장에도 불구하고 농지 확장과 지가 상승분을 국가가 생산적으로 활용하지 못하고, 기존의 지주 세력에게 고스란히 넘겨주었다는 데 심각한 문제점이 있었다. 이들 지주 세력은 영국으로의 곡물·양털·육우 수출과 토지 투기로 큰돈을 벌었다. 이때 형성된 부와 토지는 1930년대까지 1,800여 명의 소수 기득권층에게 집중되어 있었다. 이들이 아르헨티나에서 말을 타고 하루 종일을 달려도 자신의 땅이 어디까지인가를 알 수 없을 거라는 흔한 농담이 있을 정도였다.

지주들에 대한 하층민들의 반발심은 매우 컸다. 더욱이 1929년 전 세계를 강타한 대공황으로 아르헨티나의 경제가 심각한 타격을 입으면서 하층민들의 삶은 더 피폐해졌다. 수출은 줄고 대외 부채와 자본 유출이 증가했으며 이에 따라 심각한 재정 적자에 시달렸고 실업률 역시 증가했다. 이러한 상황에 불만을 품은 군부 세력이 1930년 9월에 쿠데타를 일으켜 정권을 잡았다. 이렇게 등장한 군사 정권은 자신들의 권력을 유지하기 위해 대대적인 정치 탄압과 부정 선거를 자행했다. 이후 1940년까지 10년 동안 아르헨티나의 정국은 매우 불안했다.

지도층이 국가의 부를 제대로 분배하지 못하거나, 그 부를 지키기 위해 정당치 못한 일을 할 때의 결과에 주목해야 한다. 이를 통해서 우리는 에바의 시도가 섣부른 포퓰리즘이었는지 하위층을 향한 진정한 구원의 손길이었는지 정당히 평가할 수 있고, 우리의 반면교사로 삼을 수 있기 때문이다.

✠ 다시 부에노스아이레스로!

내가 어린 시절을 보냈던 곳에는 가난한 사람들이 부자들보다 훨씬 더 많았다. 나는 반드시 모든 일들이, 내가 살던 곳과는 다르게 일어나는 장소에 살아야만 한다고 생각했다. 그곳은 바로 대도시였다. 대도시는 부富를 얻을 수 있는 놀라운 장소였다. 나는 '대도시는 아름답고 특별하고 매력적인 천국이다'라는 사람들의 말을 믿었다.

1935년 16세의 에바가 두 번째로 부에노스아이레스에 갔을 때의 심경을 자서전에서 언급한 대목이다. 하지만 그녀가 부에노스아이레스의 실체를 알게 되는 데는 오랜 시간이 걸리지 않았다.

당시에는 아르헨티나 국내에서 경제적인 이유 때문에 수도인 부에노스아이레스로 이주해오는 사람들이 꽤 많았다. 이들을 카베시타 네그라cabecita negra(검은 머리)라고 불렀는데, 이들의 머리칼·눈·피부색이 유럽에서 아르헨티나로 이주해오는 이주민들보다 더 검은색을 띠고 있기 때문이었다. 이들 대다수는 아르헨티나 산업의 근간이 되었던 수공업에 종사했다.

시골에서 부에노스아이레스로 갓 올라온 에바는 생계의 수단으로 수공업 대신 자신의 재능을 살릴 수 있는 일을 찾았다. 내세울 것이라곤 외모와 시 낭송 재주밖에 없던 에바는 극단의 문을 두드렸다. 그러나 그녀에게 배역을 줄 수 있는 극단주나 후원자, 감독이나 유명 배우와의 친분이 없었다. 뾰족한 방법이 없던 에바는 배역을 얻기 위해서 그들 가운데 누군가와 항상 내연의 관계를 맺을 수밖에 없었다.

드디어 에바는 〈페레스 가家의 부인La señora de los Pérez〉이라는 작품에 처음으로 출연하게 되었다. "식사가 준비되었습니다"라는 단 한마디 말만 하는 하녀 역할이었지만, 이러한 단역도 시골티 나는 어린 소녀 에바에게는 과분했다. 이후 페피타 무뇨스Pepita Muñoz, 1899~1984가 이끄는 극단에 들어가 간호사 역으로 성공을 거두었다. 그녀는 이 작품으로 전국 순회 공연을 다녔다. 순회공연 중에 함께 공연했던 호세 프랑코José Franco라는 당시 유명했던 배우가, 칠레와 인접한 도시 멘도사Mendoza에서 에바에게 "나와 잠자리를 거부하면 넌 즉시 해고야"라고 말했다. 성공하려는 열망에 사로잡힌 에바에게 이런 제안은 큰 문제가 되질 않았다. 공연은 순탄하게 계속되었지만, 프랑코와 에바의 관계가 프랑코의 부인에게 들통나는 바람에 에바는 극단을 떠나야만 했다.

이후 에바는 신토니아Sintonía라는 잡지 편집장의 도움으로 두 편의 영화에 출연해 명성을 얻었다. 에바는 1939~1940년 사이에 어떤 부유한 사업가와 동거하기도 했으며, 라디오 극의 주연 배우로 성공을 거두기도 했다. 이 성공 덕분에 잡지의 표지 모델로 활동하기도 했다. 또 당시 아르헨티나에서 주요 산업 중의 하나였던 비누의 광고 모델로 출연해 자신의 이름도 알리고 많은 돈도 벌었다. 하지만 이 일은 유럽 순방 중 그녀를 곤혹스럽게 만드는 계기가 된다. 1942년 에바는 레콜레타Recoleta 구역에 있는 아파트에 거주했는데, 이곳이 바로 3년 후에 그녀를 한 나라의 퍼스트레이디로 만들어준 후안 페론과 동거했던 곳이기도 하다.

✝ 후안 도밍고 페론

에바의 연인 후안 페론은 1895년 부에노스아이레스에서 약 100킬로미터 떨어진 로보스Lobos에서 태어났다. 그는 1946~1955년과 1973~1974년, 두 차례 아르헨티나의 대통령을 역임했는데 첫 번째 임기 중에 에바가 끼친 영향이 크다.

그는 16세가 되던 해인 1911년에 군사 학교에 들어가 1913년에 졸업했다. 복싱·육상·펜싱 등 다양한 스포츠에 능했던 후안 페론은 1918년 전국 군인 펜싱 대회에서 우승을 차지하기도 했다. 동료들 중 가장 먼저 대령으로 승진한 페론은, 오랜 기간 정권을 잡아왔던 보수적 과두제 정부에 대해 공개적으로 비판했다. 특히 그는 1919년 '비극적인 주간'이라 불리는 노동자 대학살에 대한 비판을 아끼지 않았고, 정권을 잡은 이폴리토 이리고옌Hipólito Yrigoyen, 1852~1933 대통령 아래서 노동자 총파업을 중재하는 역할을 맡았다.

1930년 9월, 호세 펠릭스 우리부루José Félix Uriburu, 1868~1932 장군은 민주적으로 선출된 이리고옌 대통령에 반대하는 군사 쿠데타를 일으켰다. 이 쿠데타 세력은 극우 성향의 아르헨티나 애국 연합의 지지를 받았다. 우리부루의 측근들은 후안 페론에게 지지를 요청했으나, 그는 이를 거부했다. 이 때문에 후안 페론은 북서쪽 지방으로 좌천되었다. 그러나 이듬해 다시 고등 군사 학교 교수로 임명되어 전사戰史를 가르쳤다. 1936~1939년에는 칠레 주재 아르헨티나 대사관에서 무관無冠으로 근무하다가 다시 교수직으로 복귀했다.

대통령 재임 시절, LRA 국립 라디오
방송에 출연한 후안 페론.

　페론은 1939년 산악전 연구의 임무를 띠고 이탈리아 알프스 지방으로 파견되었다. 이때 그는 이탈리아·프랑스·독일·헝가리·알바니아·유고슬라비아·스페인 등지를 여행하면서, 무솔리니의 이탈리아 파시즘, 독일의 나치즘, 그리고 당시의 유럽 정부들을 연구했다. 그는 국가 사회주의가, 자유 민주주의 또는 전체주의를 대체할 수 있는 정치 체제로써 적합하다는 결론을 내렸다. 1941년 아르헨티나로 돌아온 후안 페론은 멘도사 지방에서 육군 스키 강사로 일했다. 아직은 정권의 밖으로만 맴도는 처지였지만 노동자에게 우호적이었던 정치적 성향으로 인해서 그는 훗날 대통령이 된다.

　"치욕의 10년^{Década Infame}(민주적으로 선출된 이리고옌 대통령에 대해 군사 쿠데타를 일으켰던 1930년 9월부터, 부정 선거로 대통령에 당선된 라몬 카스티요에 대해 군사 쿠데타를 일으켰던 1943년 6월까지의 기간)"을 일소하기 위

정치가의 연애

해, 1943년 아르투로 로손Arturo Rawson, 1885~1952 장군이 쿠데타를 일으켰을 때, 페론 대령은 연합 장교단Grupo de Oficiales Unidos의 일원으로 중요한 역할을 했다. 후에 대통령이 된 에델미로 훌리안 파렐Edelmiro Julián Farrell, 1887~1980 장군의 비서를 맡아 노동조합과의 협상에 큰 역할을 하기도 했다. 이후 노동부 장관이 된 후안 페론은 노조 지도자들과 협상하고 노동자들의 권익 향상을 위한 정책을 시행하면서 점차 자신의 위상을 높여나 갔다. 그동안 정부 내에서 큰 비중을 차지하지 않았던 노동부는, 중요한 내각으로 부상했다.

1943년 말 후안 페론이 철도 노조 총서기인 호세 도메네크José Domenech 의 제안으로 노동자 총회에 참석하면서 노조와 페론의 연대는 자연스럽게 이루어졌다. 이 회의에서 도메네크는 페론을 '아르헨티나 최고의 노동자'라고 소개했다.

끊임없이 일했던
위대한 아르헨티나인들을 위해서
민중들에게 사랑과 평등을 심어주기 위해서
페론! 페론!
위대한 지도자, 당신은 최고의 노동자입니다.

1948년 10월 17일 카사 로사다 앞에서 처음으로 불린 행진곡 〈페론 주의자의 전진Marcha Peronista〉의 일부이다. 이처럼 후안 페론은 노동자들의 든든한 후원자이자 동지였다. 군사 쿠데타의 주역이면서도 민중의 힘으로 대권을 잡은 그는 페론주의를 아르헨티나에 실행하는데, 그의 정책들은 상반된 평가를 받고 있다.

✦ 루나 파크에서의 만남

1944년 1월 15일 칠레 국경과 인접한 산후안^{San Juan} 지방에서 진도 7.8의 강력한 지진이 일어나 1만여 명의 사망자가 발생했다. 당시 노동부 장관이었던 페론 대령은 재해 발생 일주일 후인 1월 22일에 루나 파크 Luna Park(달 공원)의 경기장에서 희생자들을 위로하고 이들을 돕기 위한 공연을 개최했다. 그는 공연하러 온 연예인들을 사무실에서 일일이 접견했다. 이때까지만 해도 에바는 페론 대령을 직접 만날 수 있는 정도의 위치는 아니었다. 행사가 끝나고 주요 인물들이 빠져나가자, 페론 대령을 만날 기회를 엿보고 있던 에바가 그의 옆으로 가서 인사를 나누었다. 아르헨티나의 운명이 바뀐 순간이었다.

에바 안녕하세요, 페론 대령님?

후안 아, 누구신가요?

에바 네, 저는 마리아 에바 두아르테라고 합니다. 평소에는 그냥 에바 라고 부르죠. 뵙고 싶었습니다.

후안 아, 네. …… 반갑습니다.

순간 페론 대령의 심장은 갑자기 멎는 것 같았다. 당시 페론 대령은 1939년에 상처喪妻하고 1944년까지 약 5년 동안을 홀아비로 지내왔다. 이렇게 아름답고 이지적인 22세의 젊은 여성에게 반한 것은 아마 당연한 일이었으리라. 에바 역시 그동안 만났던 다른 남자들에 비해 늠름하고 잘생긴 후안 페론에게 호의를 느꼈다. 당시 후안 페론에게는 20세 남짓의 어린 애인이 있었지만, 이 사실은 에바에게 큰 문제는 아니었다. 에바 역시 많은 남자와 관계를 맺은 경험이 있었기 때문이다.

에바는 페론을 처음 만난 자리에서 말했다.

> 만약 당신의 말대로 당신이 국민을 위해 일한다면, 저는 어떠한 희생을 치르더라도 죽을 때까지 당신 곁을 떠나지 않겠어요.

두 사람은 만난 지 한 달도 채 지나지 않은 2월 어느 날, 에바의 아파트에서 동거 생활을 시작했다. 이 세기의 연인은 이 사실을 굳이 숨기려 하지도 않았다. 이를 두고 주변 사람들은 상처한 군인의 연애 편력 중 하나 정도로 생각했겠지만, 두 사람에게는 피할 수 없는 운명이었다.

사랑은 '고뇌를 원하는 것, 눈 뜨고 있는 맹목, 기꺼이 병에 걸리는 것, 기꺼이 감옥에 갇히는 것, 달콤한 순교'라고 했던가? 그들은 첫 만남에서 기꺼이 병들고 감옥에 갇히는 달콤한 순교를 마다하지 않았다.

✝ 그녀는 '운명' 그 자체

1944년 후안 페론은 국방부 장관에 임명되었다. 파렐 대통령은 해고에 대한 보상을 모든 노동자들에게 확대시키는 법안과 대농장 노동자들의 근무 여건을 향상시키는 법안을 통과시켰고, 철도 노동자들을 위한 병원과 기술 학교를 설립하는 등 노동자들을 위한 정책을 강하게 시행해 나갔다. 파렐-페론 정부의 인기는 날이 갈수록 치솟았다. 1941년에 356 개였던 노동조합이 1945년에는 969개로 증가할 정도로 노동자의 권익 보장을 위한 환경이 조성되었다.

1945년 국방부와 노동부 장관을 겸직하고 있던 후안 페론은 부통령에 지명되었다. 1945년은 아르헨티나의 경제·사회·정치적 변혁기였다.

경제적으로는 산업이 발전함에 따라 생산 구조가 완전히 변해서 처음으로 산업 생산량이 농수산물의 생산량을 초과하는 현상이 일어났다. 사회적으로는 유럽 출신의 노동자가 아닌 농촌에서 도시로의 국내 이주민들이 증가해 대도시(특히, 부에노스아이레스)의 인구가 현저히 증가했다.

정치적으로는, 페론주의와 반페론주의 간의 대립이 점점 격화되었다. 아르헨티나 국민은 페론주의자인 노동자 계급과 반페론주의자인 중상류 계급으로 나뉘어졌다. 1945년 5월에는 아르헨티나 주재 미국 대사로 반노동조합주의자이자 아르헨티나의 산업화에 반대해온 브레이든 Spruille Braden, 1894~1978이 부임했다. 그는 파렐-페론 정부가 불안감·반란·폭동의 분위기를 만든다고 생각하던 반페론주의자들의 세력을

1947년 유럽 순방길에 올라 스페인의 마드리드
에 도착한 에바 페론.

규합하는 등 아르헨티나의 내부 분란을 획책했다. 이에 노동자 총동맹
은 대규모 집회를 열어 반대 세력에 대항했다. 이때가 노동자들이 페론
주의자로 동일시되기 시작했던 최초의 시기였다.

1945년 9월 페론주의자들과 반페론주의자들의 대규모 시위가 벌어
지는 등 사회적으로 대립이 격화되었다. 10월 8일 아발로Eduardo Ávalos,
1892~1971 장군이 후안 페론의 사임과 체포를 요구하며 군사 쿠데타를
일으켰다. 페론은 정치인으로서 절체절명의 위기를 맞았다.

1945년 10월 12일에 체포된 페론은 군함 인데펜덴시아Independencia 호
로 마르틴가르시아Martín García 섬에 보내졌다. 파렐이 이끄는 정부는 아
발로 장군의 수중에 들어갔다. 그날 페론은 친구인 메르칸테Domingo Mer-
cante, 1898~1976 대령에게 편지를 썼다.

에바를 잘 보살펴주세요. 에바는 심리가 불안정하고 건강이 좋지 않아요. 나는 수렁에 빠져 있습니다. 나에 대한 사임 요구가 거세게 일고 있어요.

또, 10월 14일에 마르틴가르시아 섬에서 에바에게 쓴 편지에서는 정치 활동을 접고 에바와 함께 아르헨티나 남부의 파타고니아로 가려는 생각을 피력했다.

…… 파렐에게 나의 석방을 촉구하는 편지를 썼어요. 석방되면 우리 결혼하고 평화로운 곳이라면 어디든지 갑시다. 우리가 추부트^{Chubut}(아르헨티나 남부 파타고니아에 있는 주)로 갈 수 있도록 파렐에게 부탁했어요. 그러니 건강 조심하면서 평안한 마음으로 나를 기다려주세요. 석방이 된다면 다음 날 결혼합시다. 만약 석방되지 않는다면 다른 방법을 강구할 거예요. 내가 한 일은 역사 앞에 부끄러운 일이 아니에요. 시간이 지나면 모든 사람들이 나의 행위가 옳다고 생각할 거라 믿어요. ……

그러나 정치 상황은 페론의 예상과는 정반대로 진행되었다. 10월 15일부터 노동조합이 페론의 석방을 요구하기 시작한 것이다. 물론 그 중심에 에바가 있었다. 에바는 페론의 추종자들을 규합하고, 그들에게 '후안 페론'이 아르헨티나를 위해 반드시 필요한 인물임을 역설했다.

나 역시 당신들과 같은 하층민 출신입니다. 우리 가난한 자들과 이 나라를 구할 수 있는 사람, 미국의 속박에서 벗어나게 해줄 수 있는 사람은 오직 후안 페론뿐입니다.

에바는 자신도 하층민 출신임을 부각하면서 후안 페론의 석방을 위해서 노동자들을 설득했다.

10월 17일, 페론의 석방을 요구하는 노동자와 하층민들의 대규모 시위가 5월 광장에서 열렸다. 이는 일부 지도자들이 이끈 예전의 시위와는 달리 노동자들이 자발적으로 벌인 시위였다. 정부는 결국 시위대의 압력에 굴복했다. 정부는 페론을 석방했다. 그날 23시 10분, 페론은 정부 청사 발코니에서 이렇게 말했다.

저는 노동자 집회에 참석할 때마다 항상 자부심을 느꼈습니다. 오늘도 저는 아르헨티나를 진정으로 사랑하게 되었습니다. 이 집회는 노동자의 양심을 부활시켰습니다. 이것은 조국을 되살리기 위한 위대한 집회입니다. 노동자들이여! 형제애를 바탕으로 조국의 영광을 위해 투쟁합시다! 아르헨티나인이여! 우리 모두 단결합시다!

에바와 후안, 두 사람은 1945년 10월 22일 후닌에서 에바의 가족들과 함께 세속 결혼식을, 12월 10일에는 라플라타La Plata(부에노스아이레스의 동남쪽에 위치한 도시로 1952~1955년 사이에는 '에바 페론 시Ciudad Eva Perón'로 바뀌어 불리기도 했다)의 산프란시스코San Francisco 성당에서 종교적 결혼식을 올렸다(스페인어권 국가에서 결혼식은 보통 공공 기관과 성당에서 두 번 거행된다). 이후 에바는 정식 남편이 된 페론과 함께 1946년 2월 24일에 치러질 대통령 선거 운동을 시작했다. 여성이 선거 유세에 참여하는 것은 아르헨티나 정치 역사상 처음 있는 일이었다. 당시 여자들은 정치적인 권리가 없었고, 후보자 부인은 매우 제한적인 범위에서 활동했을 뿐이었다.

1946년 선거 유세가 끝나기 며칠 전에 루나 파크에서 각 여성 단체와 학생들이 페론을 지지하는 행사를 열었다. 그러나 페론은 다른 일정 때문에 참석할 수 없었다. 그를 대신해서 에바가 그 행사에 참석, 연설했다. 정치 행사에는 에바가 처음 참석한 것이었다. 그러나 대중들의 호응을 이끌어내기에는 역부족이었다. 대중은 페론을 원했지 그의 부인 에바를 원한 것이 아니기 때문이었다.

에바는 선거 유세 기간 동안 여성으로서 많은 제약과 한계를 느꼈지만 이에 개의치 않고 남편의 당선을 위해서 혼신의 힘을 쏟았다. 시간이 지나면서 대중들의 생각은 바뀌어갔다. 그녀가 노동자와 하층민들의 마음을 움직이기 시작하면서, 에바에게 환호하는 사람들은 점점 늘어갔다. 대중들은 에바를 처음부터 권력을 가진 상류층의 사람이라기보다는 어쩌면 자신들과 비슷하거나 못한 처지로 생각해서 그녀에게 마음이 더 끌렸던 것이다.

1946년 2월 24일, 후안 페론은 54퍼센트의 득표율로 대통령에 당선되었다. 이후 에바는 정치적 영향력을 공공연히 행사했다. 이는 에바가 선거 유세에 적극 참여함으로써 대통령의 부인이라기보다는 후안 페론의 러닝메이트와 같은 이미지를 주었기 때문이다.

✝ 여성을 위하여!

1946년 선거가 끝나고 3일이 지난 후에, 에바는 페론 지지에 대한 감사 연설에서 다음과 같이 남녀의 동등한 권리와 여성의 참정권을 주장했다.

> 여성의 투표는 더 나은 미래를 위해서 반드시 필요한 것이다. 여성은 가정에서 벗어나 사회에서 자신의 역할을 해야만 한다. 이를 위해서 여성을 위한 조직이 필요하다.

에바는 특히 여성의 투표권 획득을 위해서 지속적으로 노력했다. 무려 여섯 번이나 여성의 투표권 쟁취를 위한 연설을 했다.

> 혁명의 과업을 완수하고 그 열매를 더 단단히 만드는 임무는 여성의 손에 놓여 있다. 그동안 우리는 여성의 책임을 남성들에게 위임해왔다. 이제 우리는 그것을 다시 찾아야 한다. 그리고 그것을 강화시켜야 한다. ······ 여성은 지도자를 선출할 권리도 가져야 한다. 여성이 아메리카 대륙의 반 이상을 차지하면서도 여성은 자신의 권리를 요구하지 않고 있다.

이러한 에바의 호소와 여성 단체들의 조직적인 운동에 힘입어 마침내 1947년 9월 9일, 여성 투표권에 관한 법률이 하원에서 통과되었다. 에바는 법이 통과된 직후 가졌던 공식 연설에서 이렇게 말했다.

아르헨티나의 여성들이여! 지금 정부로부터 우리들의 권리를 쟁취했습니다. 모든 아르헨티나 여성들의 단합된 힘이 있었기에 가능했습니다. 승리의 월계관에 닿는 저의 손이 떨렸습니다. 여기에는 분노와 위협의 그림자가 있었지만, 투쟁, 장애물, 기다림의 오랜 역사들이 하나하나 작은 마디로 연결되어 승리의 월계관을 얻을 수 있었습니다.

에바는 여기서 더 나아가 1949년 여성 페론당Partido Peronista Femenino을 만들고, 여성들의 정치적인 영향력을 증가시키고자 했다. 에바는 "노동자가 스스로의 힘으로 자신을 구원할 수 있듯이 여성 역시 스스로의 힘으로 자신을 구원할 수 있을 것이다"라고 주장했다. 에바는 여성 노동자들에 대한 상대적 불평등과 차별을 없애기 위해 무엇보다도 먼저 여성의 정치적 권리를 되찾는 것이 급선무임을 인식하고 있었다.

에바는 여성 페론당을 마을의 여성 활동가뿐만 아니라 고등 교육을 받은 교사나 간호사들로 구성했으며, 당원들 사이에 위계나 차별은 없었다. 에바의 권유로 정치를 하게 된 여성들이 하나둘 국회 의원이 되면서 여성 지식인들도 여성 페론당에 관심을 갖게 되었다.

여성 페론당 창립 이후 여성들의 대학 입학 숫자는 두 배로 증가했다.

또한 여성들을 위한 센터가 빈민들이 사는 지역에 세워졌다. 이 센터는 의료·법률·사회 복지 등 다양한 서비스를 여성들에게 제공했다. 1951년에 실시된 총선거에서 24명의 여성이 하원 의원에, 7명의 여성이 상원 의원에 당선되었다. 이후 총 109명의 여성이 의원으로 선출되었다.

여성 페론당은 에바 페론이 죽은 후 1955년까지 명맥을 유지하다가 군사 쿠데타로 해산되었다. 에바는 최고 권력자의 연인으로서 베갯머리 송사와 같은 암투를 벌인 것이 아니라 오히려 자신이 여성임을 자각하고 여성 참정권 획득에 적극적으로 노력하는 모습을 보였다. 그녀의 정치적 행보가 충분히 평가받아야 하는 이유가 여기에 있다.

✚ 에바 페론의 '무지개 순방'

후안 에바, 외국으로 바람 쐬러 나가지 않겠어요?

에바 네? 갑자기 어디로요?

후안 당신이 일국의 어엿한 퍼스트레이디가 된 지도 벌써 1년이 다 되었는데 이제 국제적으로 당신의 이름을 알려야 하지 않겠어요? 또 나는 국내의 다른 일정 때문에 나라를 장기간 비워둘 수 없기도 하고요.

에바 아, 좋아요!

후안 그럼, 당신의 해외 순방을 추진하리다.

후안 페론과 그의 측근들은 에바의 해외 순방을 생각해냈다. 그녀는

1947년 9월 즈음, 여성의 정치적·법률적 권리에 대해 연설하는 에바 페론.

당시 국외에서는 잘 알려지지 않은 평범한 퍼스트레이디에 불과했다. 후안 페론은 에바에게 해외 순방을 통해서 에바 자신의 정치적인 꿈들을 실현시킬 수 있는 기회를 제공하고자 했다. 방문국은 스페인·이탈리아·바티칸·포르투갈·프랑스·스위스 등 주로 유럽 국가들이었다. 영국의 여왕은 자존심을 내세워 에바를 초청하지 않았다.

당시 유럽은 제2차 세계 대전으로 완전히 피폐해진 상태였다. 특히 프랑코 치하의 스페인은 극심한 경제적 어려움을 겪고 있었다.

스페인은 내전 때 추축국(제2차 세계 대전 때 연합군과 대립한 독일, 이탈리아, 일본을 가리킴)으로부터 원조를 받았음에도 불구하고 제2차 세계 대전 중 시종일관 중립을 지켰다. 이 때문에 스페인은, 제2차 세계 대전 후 국제 연합의 대對스페인 체제 규탄 결의안 채택, 아르헨티나를 제외한 스페인 주재 전全 외교단의 철수 등으로 국제 사회에서 고립된 상태였다. 스페인의 독재자 프랑코는 외국의 원조가 절실했다. 그는 밀과 소고기 등 풍부한 농축산물 생산 국가였던 아르헨티나로부터 원조를 받기 위해 후안 페론을 초청했다. 그러나 당시의 국내 사정으로 인해 페론 대신 에바가 순방에 나섰다. 비록 출신 성분이 미천하고 국제적으로 전혀 알려지지 않았던 에바였지만, 그녀는 프랑코의 환대를 받았다. 이는 아르헨티나의 밀과 소고기의 힘 때문이라 해도 과언이 아니었다.

1947년 6월 8일 스페인 마드리드의 바라하스Barajas 국제공항에는, 머나먼 부유한 나라에서 날아온 퍼스트레이디를 보기 위해 약 30만 명의 인파가 몰렸다. 자신들에게 막대한 식량을 선물할 천사를 맞이하러 온 사람들이었다. 또한 당시 이렇다 할 구경거리가 없던 시절, 신대륙에서 날아온 아름다운 미모의 에바야말로 스페인 국민들에게는 분명 구세주였을 것이다.

에바는 스페인에서 톨레도·그라나다·세비야 등 많은 도시들을 방문했다. 특히 고아원·병원·빈민촌 등을 방문해 자신이 가진 것을 아낌없이 선물했다. 여성들에게도 "이제는 여성이 승리하는 시대입니다"라고 당당하게 외쳤다. 이에 스페인 여성들은 열광적으로 환호했다.

에바는 스페인의 환호를 뒤로 하고 이탈리아를 방문했다. 로마에 도착한 다음 날 교황 비오Pius 12세를 알현했다. 그러나 에바는 피치 못할 사정으로 무려 20분이나 늦게 교황청에 도착하는 무례를 범했다(이 일로 에바에게 내려질 예정이었던 후작의 작위는 취소되었고, 이에 대한 항의의 표시로 아르헨티나가 바티칸에 약속한 기부금을 대폭 줄였다는 이야기도 있다). 하지만 교황은 전쟁으로 고통받고 있는 유럽 국가들에게 도움을 준 데 대해서 에바에게 감사의 표현을 했다.

로마에서는 그녀를 만나고 싶었던 한 여인이 에바가 탄 차 앞으로 뛰어드는 사건이 발생했다. 곧바로 병원에 실려간 그녀는 에바의 병문안을 받았다. 그 여인은 에바에게 자신의 아들을 아르헨티나로 보내달라는 작은 소망을 이야기했고, 얼마 후 그 소년은 희망의 나라 아르헨티나에 보내졌다. '엄마 찾아 삼만 리'가 아닌 '아들 보내기 삼만 리'였다(《엄마 찾아 삼만 리》는 1882년경 이탈리아 제노바에 살던 마르코가, 어려운 가정 사정 때문에 아르헨티나로 일하러 떠난 엄마를 찾아 아르헨티나에 가서 우여곡절 끝에 엄마를 만나게 된다는 이야기다).

실제로 당시에 가난한 유럽 사람들이 경제 성장을 거듭한 아르헨티나로 이주해왔다. 1880년 이후 약 50년 동안 아르헨티나의 인구는 다섯 배 증가했고 경제 규모 역시 열다섯 배 이상 커졌다.

에바는 이어 포르투갈을 거쳐 프랑스로 날아갔다. 프랑스는 당장 필요한 곡식을 얻기 위해서 그녀를 열렬히 환영했다. 그런데 프랑스에서는 에바를 곤혹스럽게 만든 사건이 일어났다. 에바가 비누 광고를 위해서 다리 하나를 드러내고 찍은 사진이 한 잡지에 실린 것이다. 이 사진은 에바에게 적대적이었던 아르헨티나의 뱀베르그[Bemberg] 가문 사람들이 잡지사에 제공한 것이었다. 사진은 곧 프랑스 전역으로 퍼졌고, 이는 당시의 윤리 기준에 크게 어긋나는 것이었기 때문에 에바를 난처하게 만들었다. 이어 방문한 스위스에서는 그녀의 차에 한 젊은이가 돌과 토마토를 던지는 사건도 발생했다. 이러한 많은 해프닝에도 불구하고 에바의 유럽 순방은 비교적 성공적인 평가를 받았다.

에바 페론은 자신의 유럽 순방을 "무지개 순방"이라 불렀다. 이 말은 에바가 유럽에 도착하기 전에 "나는 나의 영향력을 보여주기 위해서 유럽에 온 게 아니라 아르헨티나와 유럽을 잇는 무지개를 만들기 위해서 왔다"라고 말한 데서 유래한다. 에바는 유럽 순방을 마치고 브라질과 우루과이를 방문한 후, 귀국했다.

1947년 8월 23일, 부에노스아이레스 항구에는 붉은 카펫이 깔렸다. 유럽 순방을 성공적으로 마친 에바는 페론 대통령과 에바의 가족, 정부 관료들의 영접을 받았다. 이로써 그녀는 아르헨티나의 진정한 퍼스트레이디이자 신대륙을 대표하는 영향력 있는 정치인이 되었다. 무지개 순방은 에바의 화려한 옷차림과 미모에 집중한 언론 덕분에 사치스러운 순방이라는 비난을 받기도 했지만, 당시 아르헨티나의 부가 배경이 되지 않았다면 그렇게 이슈가 되지는 않았을 것이다. 그리고 에바는 부정적이든 긍정적이든 그에 걸맞은 외교적 성과를 가져왔다.

✝ 아오라 오 눈까, 지금 아니면 결코 못 해!

"아오라 오 눈까¡Ahora o Nunca", 이 말은 "지금 아니면 결코 못 해!"란 의미이다. 가진 사람들은 언제나 분배를 약속하지만 자신들의 욕심을 채우는 데 급급할 뿐 그 약속을 결코Nunca 지키지 않는다. 이에 비해 에바는 비록 포퓰리즘이라는 비판을 받았지만, 가난한 사람들을 위한 분배를 지금Ahora 당장 시행하는 추진력을 보여줬다.

  페론 정권 기간 동안 에바 페론의 업적 중 가장 두드러진 것은 가난한 하층민들을 돕는 일이었다. 그동안 하층민을 위한 자선 사업은 아르헨티나에서 전통적으로 상류층 여성들이 도맡아 해왔다. 그러나 산업이 발전하면서 일시적인 자선 행위는 하층민들에게 큰 의미가 없었다. 체계적이고 구체적인 도움이 필요했다. 이를 위해서는 힘 있고 재정 상태가 건전한 기관 역시 필요했다. 에바의 유럽 순방을 위한 수행원 이었던 에르난 베니테스Hernán Benítez라는 예수회 신부의 조언을 듣고 에바 페론 재단 설립을 구상했다.

  1948년 에바는 대통령 월급에 해당하는 1만 페소를 페론에게 얻어 유럽 순방에서 돌아오는 길에 구상했던 에바 페론 재단La Fundación Eva Perón 을 세웠다. 초기에는 설탕 공장과 면직물 공장의 노동자들에게 받은 기부금을 바탕으로, 후에는 노동자들이 매년 5월 1일과 10월 17일에 냈던 기부금을 바탕으로 운영되었다. 에바에게 전달되는 편지는 하루에 1만 2,000통이 넘었다고 한다. 에바는 이를 일일이 읽고 어떤 것이 진짜 급한 도움이 필요한 것인지를 분류해 도움을 주었다.

  에바의 하루 노동 시간은 18~20시간이었는데, 이는 가난한 자들에게 도움이 얼마나 시급한 일인지 자신이 너무나 잘 알고 있었기 때문이었다. 그녀는 "시간이 자신에게 가장 큰 적"이라고까지 말하곤 했다.

  재단의 활동 영역은 병원·보호소·학교·주거지·휴양지 건설부터 학생들을 위한 장학금 제공, 여성들의 사회 활동 원조에 이르기까지 광범

'여성 투표권에 관한 법률'을 위한 집회에 모인 부에노스아이레스의 군중들.

위했다.

　재단은 에바의 이름을 딴 어린이 축구 대회를 개최했고, 시합에 참여하는 모든 어린이들에게 축구화와 운동복을 지급했다. 게다가 일부 반대 세력들의 비난에도 불구하고 매년 음료수와 빵을 가난한 가정에 보급했다. 에바는 어린이들이 행복하게 배우고 즐겁게 놀 수 있는 환경을 만들고자 하는 자신의 꿈을 "어린이 도시" 건설을 통해서 실현했다. 부에노스아이레스^{Buenos Aires}, 코르도바^{Córdoba}, 멘도사^{Mendoza} 등지에 어린이 도시들이 건설되었다.

　에바는 어린이들뿐만 아니라 노인들의 복지에도 신경을 많이 썼다. 그녀는 '노인 세대를 위한 10개조'를 제정해 1948년 8월에 공표했다. 1950년 7월, 그동안 모은 기금으로 에바는 부에노스아이레스의 콜론^{Colón} 극장에서 처음으로 노인들에게 연금을 수여했다. 에바는 이날 감정에 복받쳐 눈물을 흘렸다. 그녀는 또한 노인들이 모여 살 수 있는 주거지를 건설하기도 했다.

또한 에바는 가난한 여성 노동자들이 집 걱정을 하지 않고 일할 수 있도록 오월 대로^{Avenida de Mayo}에 '여성 노동자의 집^{Hogar de la Empleada}'을 건설했다. 이곳에는 500명 이상이 거주할 수 있었는데 건물의 로비가 대통령 궁의 로비와 비교해도 손색이 없을 정도로 정성들여 지어졌다. 에바는 이 건물에 가끔씩 들러 여성 노동자들과 함께 점심을 먹기도 했다.

그녀는 또한 빈민들을 위해 무료 병원 건립하고, 기반 시설이 미약한 시골 사람들을 위해서 전국을 순회하는 종합 병원 열차를 제공하는 등 하층민의 복지를 위해 모든 노력을 아끼지 않았다.

✝ 부통령 후보 에바 페론

여성들이 총선거에 유권자로뿐만 아니라 후보자로 참여한 것은, 1951년의 총선거가 처음이었다. 노동자 총동맹은 에바의 높은 인기를 감안해서 그녀에게 부통령 후보로 나설 것을 제안했다. 이는 단순히 행정부의 정치 활동에 한 명의 여성이 참여한다는 것을 의미하는 것이 아니라, 페론 정부 내에서 노동자의 역할을 강화한다는 것을 의미했다. 사실상 후안 페론의 러닝메이트였던 에바에게, 이러한 요구는 당연한 것이다. 그러나 보수주의자들은 당연히 이를 강하게 반대했다. 노동자들은 1951년 대규모 노동자 집회에서 에바의 부통령 후보직 수락을 요구했다. 에바는 망설이며, 생각할 시간을 달라고 요청했지만, 노동자들은 에바에게 후보직을 당장 수락할 것을 주장했다.

> 에바 나는 여러분들의 요구를 잘 알고 있습니다. 나는 페론 장군이 조국을
> 계속 이끌어나가기를 원합니다.
>
> 노동자들 에바와 함께! 에바와 함께!
>
> 에바 나는 항상 여러분들이 원하는 대로 할 것입니다. 하지만 5년 전 대통
> 령의 부인이기 이전에 에바가 되고 싶다고 말했습니다. 그 에바는 아
> 르헨티나를 고통에서 구해내는 역할이었습니다. 나는 계속 그 에바이
> 고 싶습니다. 우리의 조국은 번영의 길로 들어섰습니다. 페론 장군이
> 조국을 이끌고 있기 때문입니다.
>
> 노동자들 우리는 당신의 대답을 듣고 싶소! 당신의 대답을 듣고 싶소!
>
> 에바 노동자 총연맹에 요청합니다. 이 미천한 여자의 현명한 결정을 위해
> 서 시간을 주세요.
>
> 노동자들 안 되오! 안 되오! 우리 모두 총파업합시다!
>
> 에바 동지들이여, 동지들이여, 나는 투쟁을 결코 멈추지 않을 것입니다.
> 나는 여러분들의 결정에 따를 것입니다. 당신들이 부통령 직책을 하
> 나의 해결책이라고 주장한다면 내가 "아니오"라고 대답할 거라 믿습
> 니까?
>
> 노동자들 당신의 대답을! 당신의 대답을!
>
> 에바 동지들이여! 우리들 사이에 애정이 있다고 생각한다면 내가 하고 싶
> 지 않은 것을 내게 요구하지 마세요. 나는 친구로서, 동지로서 해산할

것을 원합니다. 동지들이여! 이 에바가 당신들을 속인 적이 있나요? 언제 에바가 당신들이 원하는 바를 들어주지 않았던 적이 있나요? 당신들에게 한 가지만 요청합니다. 내일까지 기다려주세요.

노동자들은 에바가 후보직 수락을 약속했다고 이해하고 자진 해산했다. 이후 군부는 페론을 통해 끊임없이 에바의 부통령 후보 사퇴를 종용했다. 결국 에바는 라디오 방송을 통해 페론과 노동자·농민, 가난하고 소외된 하층민과 여성을 위해 후보직을 사퇴한다고 말했다.

그녀는 삶의 고비에서 만났던 수많은 장애를 극복했지만 아직 세상의 편견을 넘기에는 한계가 있었다. 에바는 이후 자신이 "에비타Evita"('에비타'는 '에바'의 애칭)로 불렸다는 사실만을 역사가 기억해주었으면 좋겠다는 말을 남겼다. 그녀는 자신을 낳고도 모른 척했던 아버지의 성도 아니고, 혼외정사로 자신을 낳은 어머니의 성도 아니고, 페론의 성도 아닌, 오직 자신만의 이름인 "에비타"로 불리길 원했다.

✝ 짧은 만남, 긴 이별

에비타는 자궁암에 걸렸다. 1950년이었다. 택시 노동조합 창설 행사에서 실신하면서 그녀의 병이 처음으로 알려졌다. 1951년 초 그녀는 에바 페론 재단에서 다시 실신했다. 병세가 악화됨에 따라 그녀의 마음은 점점 더 약해졌다. 마지막으로 공식 행사에 참여했던 1951년 10월 17일의 연설에서, 에비타는 아홉 번이나 죽음을 언급했다. 그녀의 정치적인 유언이라 해도 과언이 아니었다. 에비타는 아픈 몸을 이끌고, 심지어는 도저히 서 있을 수조차 없는 상태임에도 불구하고, 사람들의 부축을 받으면서 연설했다고 한다.

그해 10월 15일에 에비타는 자서전《내 삶의 이유》를 출판했다. 이 책은 처음에 30만 부가 발간되었고, 그녀가 세상을 떠난 후에는 학교의 독해 교재로 사용하기도 했다. 에비타는 또한 구술을 통해서 엮은《나의 메시지Mi mensaje》(1952)란 책을 세상을 떠나기 며칠 전에 출판했다. 그녀는《나의 메시지》에서 이렇게 기득권 세력을 비판한다.

군대나 성직자와 같은 상류층이 만든 특권에 대해서 나는 분노했다. 페론과 우리 국민들은 자본주의와 제국주의의 희생양이었다. 그들은 비탄과 죄악이고, 국민들의 재산을 강탈하려는 욕망을 지닌 세력이다. 또한 국민들을 미소와 돈으로 현혹하는 데 열중한다는 사실이 역겨울 따름이다.

에비타는 1951년 11월 5일에 수술을 받아 몸이 불편한 상태였지만, 11월 11일에 여성 유권자로서 처음으로 투표를 했다. 병마와 싸우는 에비타에 대한 대중들과 어린이들의 사랑은 식을 줄 몰랐다. 대통령 관저의 벽에는 그녀의 회복을 기원하는 촛불이 갈수록 늘어났다. 에비타는 이들의 간절한 소망에 감동해 1952년 5월 1일 대통령 궁의 테라스에 나타나 연설했다. 이것이 에비타의 마지막 연설이었다. 그해 7월 26일 저

에바 페론 재단이 설립한 간호
학교 학생들이 퍼레이드를 하는
모습.

녁 8시 25분, 라디오 방송은 정규 편성을 중단하고 에비타의 죽음을 알렸다. 33세의 이른 나이였다. 에비타와 페론의 8년이라는 '짧은 만남'에 종지부를 찍는 순간이었다.

에비타가 세상을 떠나자 아르헨티나는 오열했다. 거의 300만 명의 군중이 부에노스아이레스 거리에서 에비타의 장례식을 지켜봤다. 에비타의 시신이 노동부 건물로 옮겨지는 동안 8명이 군중에 압사당하고 2,000명의 사람들이 크고 작은 부상을 입는 사고가 발생했다. 2주 동안 계속된 추모 기간에 사람들은 에비타의 시신을 보기 위해서 노동부 건물로 몰려들었다. 에비타가 죽고 하루 만에 부에노스아이레스 꽃집의 꽃이 동이 날 정도였다. 에비타는 비록 공식적인 직함을 갖고 있진 않았지만 그녀의 장례식은 국가 원수에 준하는 국장으로 예우를 받았다. 1952년 헬싱키 하계 올림픽 기간에는 에비타를 위한 추도식이 열리기도 했다. 이 넘치는 애도의 물결을 본 후안 페론은 "나는 국민이 그녀를 그토록 사랑하는지 몰랐다"고 고백했다.

에비타가 죽은 직후, 페드로 아라^{Pedro Ara, 1891~1973} 박사는 그녀의 시신을 방부 처리했다. 이는 에비타의 유언에 의해서가 아니라 후안 페론의 결정에 의한 것이라고 역사학자들은 말한다. 아라 박사는 고도로 발달된 방부 처리 기술을 가진 해부학 교수였다. 아라 박사는 작업 후에 "에바 페론의 시신은, 완전히 그리고 영원히 부패되지 않고 대중에게 보이기에 적합하다"고 말했다.

원래는 노동자를 의미했던 '데스카미사도 상'을 '자유의 여신상'보다 더 크게 만든 후 그 밑에 에비타의 방부 처리된 시신을 안치하고 대중에게 보이려는 계획이 있었다. 기념물이 완성되는 동안 에비타의 방부 처리된 시신은 노동자 총동맹 건물에 거의 2년 동안이나 안치되었다. 그 기념물이 완성되기 전인 1955년에 후안 페론이 군사 쿠데타로 정권을 잃고 쫓기듯 스페인으로 망명길에 오름으로써 그 계획은 취소되고 그 과정에서 노동자 총동맹 본부에 전시되어 있던 에비타의 시신이 분실되었다. 이는 페론주의의 신화를 깨뜨리고 싶었던 군사 정권의 소행으로 추정되었다. 노동자들이 에비타의 시신을 이용해 봉기할 것을 두려워한 군사 정권이 그녀의 시신을 탈취해 특수 부대 병영에 숨겨놓았던 것이다. 그래도 안심이 되지 않아 바티칸 당국과의 비밀 협상을 통해 에비타의 시신을 비밀리에 빼돌려 이탈리아 밀라노 근교의 교회 묘지에 안장했다. 이후 16년 동안 시신의 행적은 알려지지 않았다. 1955년부터 1971년까지 아르헨티나의 군사 독재 정권은 페론주의를 금기시했다.

후안 페론과 에바 페론의 초상화를 집에 가지고 있는 것뿐만 아니라 그들의 이름을 말하는 것조차 불법으로 간주했다.

1971년 군부는 에비타의 시신이 밀라노의 한 교회의 지하실에 안장되어 있다고 발표하고, 그녀의 시신을 이탈리아 밀라노 무스코 묘지로부터 스페인에 망명 중인 페론에게 인계했다.

1973년 후안 페론은 망명을 마치고 아르헨티나로 돌아왔다. 1973년 대통령 선거에서 페론파의 엑토르 호세 캄포라 Héctor José Cámpora, 1909~1980 가 당선되었다. 그는 49일 동안만 대통령직에 있다가 곧바로 사임했다. 망명지에서 귀국한 후안 페론을 대통령에 복귀시키기 위함이었다. 집권한 페론은 여러 세력 사이의 화해와 조정을 통해 국민 통합의 분위기를 조성하려 했지만, 석유 파동에 따른 국제적인 경기 침체로 인해 아르헨티나의 정치·경제 상황은 호전되지 않았다. 페론은 대통령에 당선된 지 9개월 만인 1974년 7월에 사망했다.

페론이 사망하자 그의 세 번째 부인이자 부통령이었던 이사벨 페론 Isabel Perón, 1931~이 대통령직을 승계했다. 이사벨은 에비타의 시신을 스페인에서 아르헨티나로 가져와 후안 페론 옆에 안장했다. 에비타의 시신은 후에 부에노스아이레스의 레콜레타 공동묘지에 있는 두아르테 가족묘에 안장되었다. 파란만장했던 에비타의 삶처럼 죽어서도 세계 각지를 떠돌아야 했던 그녀가 이제는 작은 보금자리에 들어 자신의 지친 날개로 쉬고 가족 곁에서 안식을 취하게 된 것이다.

평생 하인으로 살아온 한 여인은 자기 아들에게 자전거를 사줄 수 없었다. 아들은 주인집 아들의 자전거를 평소에 너무나 부러워했다. 그 여인은 아들에게 그 자전거를 사주는 게 평생의 소원이었다. 하지만 자전거 가격은 여인의 능력으로는 감당할 수 없을 정도였다. 그 여인은 자전거를 '평생 일해도 살 수 없는 물건'이라 생각하고 자포자기의 심정으로 살아갔다. 그런데 어느 날 '에비타'라는 천사가 하늘에서 내려와 아들에게 자전거를 사주었다. 뿐만 아니라 학교도 가게 해주고, 축구 대회에 참가하면 체육복과 축구화를 선물해주기도 했다.

이처럼 가난하고 힘없던 아르헨티나인들에게 현실 속에서 벌어진 생생한 일화다. 에비타는 그들의 편에 서서 헌신적으로 노력했다. 에비타는 그들에게 일종의 신앙 같은 존재였다. 이런 에비타의 뒤에는 비록 8년이란 짧은 기간이었지만 후안 페론의 사랑이 있었다.

'수천의 생을 반복한다 해도 사랑하는 사람과 다시 만나는 것이 어렵다는 사실'을 후안 페론은 이미 알았던 것일까? 사랑할 시간이 많지 않아 '지금' 후회 없이 에비타를 사랑했던 후안 페론. 남편의 지극한 사랑으로 자신의 '또 다른 사랑'을 마음껏 펼쳤던 에비타. 이 두 사람의 사랑은 아르헨티나 민중의 가슴에 영원히 남아 있을 것이다.

당신의 사랑을 이렇게 보여주시다니 …… 당신이 쓰신 아름다운 글
귀들은 너무나도 큰 당신의 진심을 전하고 있어서 제가 당신을 영원
히 사랑하고, 존중하며 모시지 않을 수 없게 합니다. …… 청하옵건대
제가 당신을 불편하게 해드린 일이 있다면 당신이 제게 용서를 구하
신 것처럼 너그러이 보아주시기 바랍니다. 이후 저는 제 마음을 오직
그대에게 바칠 것이며, 몸도 또한 그렇게 하겠습니다.

chapter
06

헨리 8세 & 앤 불린

박경옥

사랑의
열정마저도
정치적
한 수

글쓴이
박경옥

서강대학교 사학과를 졸업하고 서울대학교 서양사학과에서 서양사를 공부했다. 여러 대학에서 서양사 관련 과목들을 강의해왔고, 지금도 한국방송통신대 등에서 강의하고 있다. 역사란 현재 우리 사회의 문제의식을 통해서 과거를 조명하는 것이므로 역사를 공부한다는 것은 현재 우리의 정체성과 위치를 역사 속에서 밝히는 것이라고 생각한다. 이런 이유로 한 사회에서, 한 시대를 함께 살아가는 사람들이 역사를 공유하기를 바라며 서양사 대중화에 노력하고 있다. 서양사 대중서인 《아하! 서양사 1, 2》를 집필하고, 기회 있을 때마다 대중들을 위한 글도 쓰고, 강의도 하고 있다.

✤ 천 년간 최고의 스캔들

30대 중반의 건장한 왕의 마음은, 이제 마흔의 나이를 향해가던 근엄한 성품의 왕비와는 완전히 다른 매력을 가진 20대 초반의 젊은 그녀에게 맥없이 무너지고 말았다. 왕은 아직 그녀를 왕비로 맞을 처지가 아니어서 그녀에게 왕비보다도 나은 최고의 대접을 해줄 테니 정부情婦가 되어 달라며 적극적인 구애를 펼쳤다.

하지만 유럽 각국의 궁녀로 오랜 시간을 보냈던 그녀는, 구애 게임에서 이길 수 있는 비법을 터득해온 밀당(연인 사이의 미묘한 심리 싸움을 줄다리기에 비유한, '밀고 당기기Push and pull'의 준말)의 고수였다. 왕의 환심은 놓치지 않으면서, 왕비 자리를 꿰차기 전엔 절대로 자신을 내어주지 않겠다는 비장한 각오로, 그녀는 아슬아슬한 연애의 줄타기를 하며 애타는 왕의 마음을 쥐락펴락했다.

왕은 그녀에게 값비싼 보석과 옷을 선물하고 호사스런 거처까지 마련해주면서 이전까지 어떤 연애 시절에도 써본 적이 없는 연애편지로 절절한 사랑을 표현했다.

> 이후 나의 마음을 오직 그대에게 바칠 것이며, 그동안 그대에게 정부가 되어달라고 요구한 것을 사과하오. 헨리 8세, 〈1528년 무렵의 편지〉

이에 대해 그녀는 마침내 왕의 사랑을 수락한다는 답장을 했다.

> 당신의 사랑을 이렇게 보여주시다니 …… 당신이 쓰신 아름다운 글귀들은 너무나도 큰 당신의 진심을 전하고 있어서 제가 당신을 영원히 사랑하고, 존중하며 모시지 않을 수 없게 합니다. …… 청하옵건대 제가 당신을 불편하게 해드린 일이 있다면 당신이 제게 용서를 구하신 것처럼 너그러이 보아주시기 바랍니다. 이후 저는 제 마음을 오직 그대에게 바칠 것이며, 몸도 또한 그렇게 하겠습니다. 앤 불린, 〈1528년 무렵의 편지〉

이때부터 헨리 8세Henry VIII, 1491~1547와 앤 불린Anne Boleyn, 1501?~1536 사이에 벌어진 연애와 결혼은, 1536년 앤이 처참하게 참수되며 끝을 맺는다. 이 사건은 영국의 종교 개혁이라는 엄청난 정치적 파장을 일으키며 역사적 사건이 됐고, 21세기를 앞두고 있던 1999년《뉴욕타임스》가 이 사건을 "지난 천 년간 최고의 스캔들Best Sex Scandal"로 꼽을 정도로, 호방한 왕과 비련의 왕비 사이의 단순한 연애 스토리를 넘어선다.

1537년 무렵의 헨리 8세의 초상화. 1509년부터 1547년까지 16세기 전반기 동안 영국을 통치했던 헨리 8세는 영국 역사상 가장 유명한 왕 중의 하나다.

사실 우리에게 알려진 헨리 8세는 유럽의 종교 개혁 시기에 영국의 종교 개혁을 단행했으며, 이 배경에 자신의 연애가 얽혀 있던 왕이라는 것 정도일 것이다. 하지만 헨리 8세는 역사가들과 전기 작가들의 주목을 받아온 역사상 거물이었다.

영국에선 헨리 8세의 이야기가 끊임없이 연극·소설·드라마로 만들어지고, 아직도 사람들은 그의 업적에 관해 논란을 벌이고 있다. 게다가 헨리 8세에게는, 그가 개인적으로는 매우 자기중심적인 괴물 같은 인간이었으며, 여섯 번이나 결혼했는데, 그중 2명의 부인을 무자비하게 처형했다는 이야기가 늘 따라다닌다. 그래도 영국의 정통 역사가들은 강력한 절대 군주로서 영국의 기틀을 잡고, 이후 영국이 유럽뿐 아니라 세계 강국으로 발전할 수 있게 했다고 헨리 8세를 평가한다.

헨리 8세가 살았던 16세기 전반기는 유럽 사회가 중세적인 틀을 깨고 근대 사회로 이행하는 엄청난 격변기였다. "르네상스·종교 개혁·유럽의 항로 개척과 세계 진출"이라는 지각 변동이 일어나던 시대였으며, 14세기부터 경제 변화·전쟁·개혁·반란 등으로 나타난 요동 속에서 기존의 권력 구조가 흔들렸고, 새로운 강자들이 속속 출현했다.

중세 유럽에서는 한 왕국의 왕이라 해도 왕은 기사 계급의 우두머리에 지나지 않았다. 다른 귀족이 점령하고 있는 영토에서 세금을 거두어들이거나, 그 지역에 왕의 법을 시행할 수 있는 권력이 없었다. 왕은 귀족들을 압도할 수 있는 자신의 군대가 없었고, 군대를 키울 수 있는 돈줄을 쥐고 있지도 못했다. 이렇듯 중세의 왕은 권력 구도에서 약체에 해당했다. 왕국이란, 서열에 따라 권력을 나누어 가진 기사 조직이 차지하고 있는 영토에 지나지 않았다.

로마 교황을 중심으로 한 기독교 세력은 자체적으로 군사력을 가질 순 없었지만, 기독교 신앙을 빼고는 자신들의 삶을 생각할 수 없었던 전 유럽의 주민을 강력하게 지배했다. 왕국 안의 교회와 수도원이 가진 땅은 마치 치외 법권 지역처럼 왕이나 귀족의 세력에서 벗어나 있었고, 거기에서 나오는 수입은 모두 로마 교황청으로 흘러들어갔다. 게다가 교회법은 중세 유럽의 모든 지역과 계급에 적용되며 정치와 외교, 주민들의 일상사를 지배했다.

14세기부터 시작된 중세 말의 대격변이란 이렇게 교황·국왕·귀족들이 아슬아슬하게 나누어 가지고 있던 권력 구도가 깨져나가는 과정이었다. 경제 변화와 가치관의 세속화로 교회 세력이 약화될 수밖에 없었고, 계속된 흉년으로 경제난에 시달리던 왕이나 귀족들은 남의 것을 차지하려고 전쟁을 일으켰다.

"백 년 전쟁Hundred Years' War, 1337~1453(영국과 프랑스가 100여 년 동안 벌인 전쟁. 잔 다르크 등이 활약하며 프랑스의 승리로 끝났다)"이나 "장미 전쟁 Wars of the Roses, 1455~1485(영국 귀족들 간에 벌어졌던 왕위 쟁탈전)"이 바로 그런 전쟁이다. 중세 말의 이런 전쟁으로 약자는 죽어갔고 살아남은 자들이 새로운 강자로 부상했으며, 이 과정에서 다른 지역의 강자를 끌어들여 자신을 위협하는 세력들을 제거해야만 했다. 이것이 14세기부터 16세기까지 진행된 유럽의 전쟁·정치·외교의 핵심이었다.

헨리 8세의 통치 이후 영국은 국왕을 중심으로 유럽의 다른 세력과 맞설 수 있는 하나의 탄탄한 국가로 탄생했다. 그는 유럽의 한 나라의 왕으로서 근대 문명이 시작되는 이 격변의 시대를 치열하게 살아냈다. 헨리 8세는 한 개인으로서의 연애와 결혼, 사랑의 열정마저도 모조리 정치적 행보의 동력으로 삼았고, 마침내 그는 유럽 전체의 전반적인 권력 이동에서 강자로 거듭날 수 있었다.

✛ 지금까지와 다른 강력한 국왕

헨리 8세의 아버지 헨리 7세Henry VII, 1457~1509는 영국 왕족들 사이에서 벌어진, 30년간의 "장미 전쟁"에서 살아남은 자였다. 헨리 7세는 1485

년 영국 중부 보스워스 벌판^{Bosworth Field}에서 벌어졌던 장미 전쟁의 마지막 전투에서 영국 왕을 죽이고, 어머니 쪽으로 멀리 맞닿아 있는 왕의 혈통을 내세워 왕위에 올랐다. 그는 남은 왕족들을 런던 탑에 가두고 튜더 왕조^{Tudor dynasty}를 열었다. 이로써 영국에는 이전의 국왕과는 다른 새로운 강자가 탄생했다.

이렇게 영국에서 헨리 7세가 튜더 왕조를 연 15세기 말의 유럽 대륙에는 각 영역별로 강자의 윤곽이 잡혔고, 헨리 8세가 집권했던 16세기 전반에는 이들 강자들이 로마 황제와 같은 대륙 최고의 패권자를 꿈꾸며 유럽 전역을 손에 넣기 위한 세력 다툼을 치열하게 벌이고 있었다.

"장미 전쟁"으로 거의 모든 왕족이 목숨을 잃고 헨리 7세가 왕위에 올랐을 때, 그는 섬 안의 강자였지만 대륙으로 나가지 않았다. 헨리 7세는 차분하게 국내 기반을 다지고 돈을 아껴 풍성한 국고를 아들에게 물려주었다. 바로 이 풍성한 금고는 이후 헨리 8세가 유럽 정치에서 존재를 과시하고, 동맹과 전쟁에 끼어들 수 있는 자금이 되어주었다.

헨리 8세가 아버지로부터 물려받은 유산에는 헨리 7세가 알뜰하게 모아서 물려준 금고보다 더 중요한 것이 있었으니, 왕권을 강화해 귀족들이 확실히 왕의 발밑에 복종하도록 만든 것이다.

장미 전쟁 후에도, 헨리 7세는 남아 있는 귀족 세력을 제거하는 정책을 취했다. 일단 힘이 센 귀족에게는 국가의 중요 직책을 맡기지 않았고, 왕에게 맞서는 귀족들은 몰살했으며, 그들의 재산을 빼앗았다. 힘 있는 귀족들을 견제하기 위해 충성의 표시로 거액의 담보를 요구했는데, 헨리 7세의 통치 기간 내내 영국 귀족의 절반 이상이 자기 토지를 국가에 담보로 바쳐야만 했다. 이런 담보 설정 조치는 귀족들로부터 재산을 빼앗아 유력 가문들의 재정 상태를 악화시키는 동시에 왕실은 부유해지는 일거양득의 효과가 있었다.

헨리 7세가 왕권을 강화한 또 하나의 조치는 영국 내 주교 임명권을 국왕이 가져오며 영국 내 교회 권력을 약화시킨 것이었다. 사실 교황과 기독교의 정치적 위상이 높았을 때는, 교황이 자기에게 유리한 사람을 마치 교황의 대사처럼 주교로 임명할 수 있었다. 헨리 7세는 이 주교직을 왕실에 공헌한 자에게 보상으로 주었다. 영국에서 주교들은 왕에게 충성하는 자들로 채워졌고, 이것도 왕실 수입의 증가로 이어졌다.

게다가 헨리 8세가 왕으로 즉위할 무렵에는 대포가 출현하면서 중세 때 돌로 쌓은 거대한 성채들이 더 이상 지방 귀족들의 요새가 될 수 없었다. 대포를 구비한 중앙 정부는 지방 귀족에 비해 군사력에서 확실한 우위에 설 수 있었고, 반란자들의 은신처였던 오래된 성들은 왕실의 주거를 위해 개축되었다.

왕이 거주하는 궁전도 이제 방어보다는 왕의 안락한 생활을 위한 공간으로 지어졌다. 창문을 많이 내고 테니스 코트까지 갖추었다.

바야흐로 헨리 8세는 자원 면에서나 인구 면에서나 별 볼 일 없고, 경제적·문화적으로 뒤쳐진 작은 섬나라의 왕이 아니라, 자기 영역에서 도전자들을 확실히 제압한 영국 왕으로서 유럽 국제 무대에 나설 수 있는 조건을 갖추게 된 것이었다.

✝ 형수와의 결혼, 고통에 빠진 공주를 구한 기사

1509년 4월 22일 헨리 7세가 세상을 떠나자, 헨리 8세는 곧 스페인의 공주 캐서린Catherine of Aragon, 1485~1536에게 사랑을 맹세하며 청혼했다. 그리고 이들은 1509년 6월 11일 그리니치Greenwich에 있는 프란체스코 수도회 소속의 작은 교회에서 소박한 결혼식을 올렸다.

사실 캐서린이 이미 1501년부터 영국에 와 있었다. 헨리 8세보다 세 살 많은 형인 아서Arthur Tudor, 1486~1502와의 결혼했었기 때문이다. 아서와 캐서린의 결혼은 헨리 7세의 계산된 정책이었다. 당시 유럽 지배자들 간의 외교는 주로 왕실 간의 결혼을 통해 이루어졌기 때문에 두 나라 왕자와 공주의 결혼은 양국의 동맹을 완성하는 정치적 중대사였다.

헨리 7세가 스페인의 페르디난트 국왕Ferdinand II of Aragon, 1452~1516과 카스티야의 이사벨 여왕Isabel I de Castilla, 1451~1504의 막내딸인 캐서린을 영국의 왕세자 아서와 결혼시키며 스페인을 동맹자로 택한 것은 현명한 판단이었다. 이제 막 국내에서 확보한 자신의 권력을 유럽 세계에 과시하고 영국의 안정을 더욱 공고히 하는 데 도움이 되었기 때문이다.

프랑스와의 오랜 전쟁 후에 기반을 다진 영국으로서는 스페인이 프랑스를 견제하기에 좋은 위치에 있다는 점, 또 당시 스페인의 국력이 나날이 커가고 있다는 점을 고려할 때 스페인의 공주를 왕세자비로 맞는 것이 이익이었다. 그런데 불행히도 이 결혼은 세 달 만에 끝나고 말았다. 아서가 당시 유행하던 발한병에 걸려 갑자기 죽고 말았기 때문이다.

이후 헨리 7세는 캐서린을 돌려보내지 않고, 당시 10세였던 차남 헨

왕위 계승 무렵의 헨리 8세의 초상. 헨리 8세는 1509년 18세에 영국 왕위에 올랐다. 90년 만에 처음으로 왕위를 노리는 경쟁자가 없는 가운데 정권 교체가 이루어진 순간이었다. 그의 아버지 헨리 7세가 왕이 되어서도 왕위를 노리는 반역자들을 축출해야 했고, 자신이 진정한 영국의 왕이며 얕볼 수 없는 인물이라는 것을 세상에 알리기 위해 노력했던 것과 비교하면 행복한 왕이었다.

리 8세의 정혼자로 영국에 남겨두었다. 결혼 당시 약조한 지참금의 절반을 가져온 캐서린을 계속 붙잡아두고, 그녀의 아버지 페르디난트로부터 10만 크라운이나 되는 나머지 지참금을 받는 것이 좋겠다고 생각했기 때문이었다. 사실 아서의 미망인이 된 캐서린을 헨리와 결혼시키려면 당시 관습과 교회법에 따라 교황의 허락이 있어야 했다. 만일 캐서린이 형과 이미 합방을 한 상태라면, 둘의 결혼은 교회법상 근친혼에 해당되는 것이었기 때문이다.

하지만 꼼꼼한 은행가처럼 국고를 관리했던 구두쇠 헨리 7세에겐 그것이 그다지 대수로운 일이 아니었다. 게다가 캐서린의 친정인 스페인에서도 헨리 왕자와 프랑스 공주 사이에 혼담이 오간다는 소문이 돌자 서둘러 이 정혼을 허락했다.

하지만 이 결혼은 쉽게 이루어지지 않았다. 처음엔 어린 헨리 왕자가 자라 14세가 넘어야 결혼이 가능했기 때문이었으나, 캐서린의 외교적·경제적 가치를 저울질하는 헨리 7세의 욕심이 변덕을 부릴 때마다 캐서린의 지위는 흔들렸고 결혼은 미뤄졌다. 약속된 지참금은 빨리 오지 않았고, 1504년 캐서린의 어머니 이사벨 여왕이 죽자, 그녀는 강국 스페인이 아닌 아버지 페르디난트의 작은 아라곤 왕국 공주로 전락했다.

게다가 국제 관계에서 영국이 프랑스와 가까워지자, 헨리 7세는 급기야 1505년에 헨리 8세에게 캐서린과 결혼하지 않겠다는 선언까지 하게 했다. 캐서린은 영국의 지원도, 친정인 아라곤의 지원도 끊긴 상황에서 먹을 것과 입을 것을 걱정해야 했고, 정말 영국 왕비가 되는 날이 올 수 있을지 알 수 없는 막막한 시간을 감내해야 했다.

이런 어른들의 정치적 계산에 의해 만난 헨리 왕자와 캐서린은 그들 스스로 자신들의 운명을 결정할 수 있는 아무 권한이 없었다. 그럼에도 이들은 서로에 대해 좋은 인상을 가지고 있었고, 기회가 있을 때마다 좋은 감정을 나눴던 것으로 보인다.

어린 헨리가 캐서린을 처음 만난 것은 템스Thames 강 근처의 뎁트포드 Deptford 항구에서였다. 결혼식을 앞두고 런던으로 입성하는 그녀의 마중을 아버지 대신 헨리가 나간 것이었다. 그때 발그레한 볼에 붉은 머리칼을 가진 열 살배기 소년 헨리가 본 캐서린은, 시녀들을 거느린 채 시민들의 열렬한 환영을 받는, 아리따운 왕비 후보였다.

헨리의 형 아서가 죽고, 오랜 협상 끝에 헨리와 캐서린의 약혼이 결정됐을 때, 헨리는 제법 기사다운 풍모를 갖춘 매력적인 12세 소년으로 자라 있었고, 마치 기사가 귀부인을 연모하는 것처럼 고상하고 품위 있는 캐서린에게 존경과 연모의 마음을 품고 있었다. 한편 여섯 살 연상의 캐서린도 헨리에게 매력을 느끼고 있었다. 캐서린은 이제 막 어머니를 여읜 헨리를 모성적 본능으로 위로하고 인도해주고 싶어 했다.

1505년 헨리 7세의 변덕으로 캐서린이 궁지에 몰리고 헨리에게 약혼 파기 선언을 하게 했을 때도 헨리는 여전히 캐서린을 "내 사랑스럽고 고귀한 공주님 아내"라고 부르며 함께 시간을 보냈다. 둘은 캐서린이 외롭고 힘든 시기였던 1506년 늦여름부터 가을을 함께 보내면서 사랑이 깊어졌다. 이를 눈치챈 헨리 7세는 이 둘을 강제로 떼어놓았고, 캐서린의 어려움은 계속됐다.

헨리 7세의 장례를 치른 뒤 헨리 8세는 템스 강변 언덕 위에 붉은 벽돌로 지은 그리니치 궁으로 거처를 옮기고, 창문을 통해 런던이 한눈에 내려다보이는 이 궁에서 장래 영국 왕으로서의 포부를 다짐했다. 그는 "백 년 전쟁"의 영웅 에드워드 3세의 정신을 이어받아 영국령이었던 프랑스의 랑스Lens 지역을 꼭 다시 회복하겠노라고 맹세했다.

프랑스와의 일전을 염두에 둔 젊은 왕에게 스페인은 꼭 필요한 동맹자였고, 때마침 페르디난트는 헨리가 캐서린과 결혼식을 올리는 날에 약조한 지참금을 반드시 지불하겠다고 약속했다. 캐서린은 헨리에게 더없이 좋은 신붓감이었고, 국왕 자문 기구인 추밀원樞密院·Privy Council도 헨리에게 캐서린과 서둘러 결혼하라고 충고했다.

✠ 세속적 욕망과 전통적 신앙심의 충돌

헨리 8세는 지난한 고통을 견뎌온 캐서린을 영국 최고의 기사답게 왕비로 맞았다. 헨리는 10세 때부터 캐서린이 왕녀로서는 견디기 힘든 모멸적인 대접을 꿋꿋이 이겨내는 과정을 지켜봤고, 그녀를 존경했다.

그런 어려움에 성숙하고 위엄 있게 대처한 캐서린의 인내심과 강인한 태도는, 어린 시절부터 그녀가 받은 교육의 힘이었다. 그녀의 어머니 이사벨 여왕은 무어Moor인을 내쫓는 전쟁을 직접 지휘했던 여걸이었지만 자식들의 교육을 살뜰히 챙겼다. 3세 때 이미 영국 왕비로 낙점되어 있던 캐서린에게 라틴어 고전과 프랑스어·영어 등을 공부하게 했다. 캐서린은 독실한 기독교 나라의 공주답게 성서와 신학 공부에 많은 시간을 보냈고, 레이스 뜨기와 바느질 같은 가사에도 능했다.

헨리 8세도 캐서린에 뒤지지 않는 훌륭한 교육을 받았다. 그는 영국 최초로 근대 인문학적 교육을 받은 지적인 왕이었다. 논리적이고 명석해서 종교와 철학 같은 심오한 학문을 좋아했고, 예술에도 조예가 깊어 당대 최고의 지식인 집단에 속했다. 프랑스어·라틴어에 능했으며 라틴어 고전을 즐겨 읽었다. 특히 신학에 관심이 많아서 주석서註釋書를 여럿 썼고, 직접 저술한 저작도 있다. 바티칸에 보낸 서신과 연애편지들에 쓰인 훌륭한 문체에서 그의 문학적 재능을 엿볼 수 있다.

그는 수준 높은 음악가로 악보를 보고 즉석에서 연주할 수 있을 만큼 악기를 잘 다뤘고, 자작시에 곡을 붙이거나, 성가·축가를 작곡하기도 했다. 류트lute·하프시코드harpsichord·플루트flute 연주 실력이 출중했고,

캐서린의 초상화. 헨리 8세와 캐서린은 사이좋은 왕과 왕비였으며, 대중들에게도 인기가 있었다. 캐서린은 침착하고 인내심 있는 성품으로 젊은 왕의 여자관계도 크게 문제 삼지 않는 너그러운 아내였고, 외국 공주였음에도 불구하고 백성들에게는 자애로운 국모라는 이미지로 알려졌다.

노래도 잘 불렀다. 이런 그의 문화적인 소양 때문에 그의 궁정은 학문과 예술의 중심이 되었다. 베네치아의 오르간 주자를 비롯한 음악가를 초빙해 궁정에 르네상스 음악을 도입하고, 소년 합창단을 육성했다.

저명한 학자들을 초빙해 교류하고 토론하는 것을 즐겼기 때문에 당대 최고의 인문주의자였던 에라스무스$^{Desiderius\ Erasmus,\ 1466~1536}$ (네덜란드의 인문학자·가톨릭 사제)와 토머스 모어$^{Thomas\ More,\ 1478~1535}$ (영국의 정치가·인문주의자·《유토피아》의 저자)는 단골손님이었다.

190센티미터가 넘는 큰 키에 건장한 체구를 가졌던 헨리 8세는 스포츠에도 능했다. 테니스를 잘 쳤고, 사냥을 즐겼다. 중세 기사들의 무예였던 마상 창 시합$^{馬上槍試合·Joust}$을 아주 좋아해서 집권 초기에는 매주 마상 창 시합 대회를 개최했다. 헨리는 잘 세공된 갑옷에 진주와 보석으로 장식된 황금 옷을 걸치고, 번쩍이는 마구에 벨벳 휘장을 감은 말에 올라, 휘황한 광채를 내는 무기를 들고 몸소 시합에 임했으며, 사람들을 깜짝 놀라게 할 정도의 뛰어난 기량을 자랑했다. 이런 왕실 행사는 영국의 국제적 위상을 높이고, 영국 국왕의 권위를 다지는 정치적 효과를 가져왔다. 대회에 참석했던 외국 대사들은 헨리 8세의 풍모에 감탄했으며 영국의 부를 실감했다.

1517년 헨리가 주최한 마상 창 시합에 참석했던 한 외국 대사는 자신의 고국에 이렇게 적어 보냈다.

> 세계의 부와 문명이 여기 있다. 영국을 야만국이라 불렀던 자가 지금 여기 내 앞에 있다면 오히려 그들이 그렇게 보일 것이다.

헨리는 도박과 맛난 음식을 좋아하고 춤과 사냥을 즐기는, 영락없이 세속적 쾌락에 빠졌던 군주였지만 이와는 완전히 다른 면이 있었다. 매우 종교적이고 신에 대한 믿음이 대단해서 로마 교황으로부터 칭송을 받을 정도였다. 보통 하루에 여섯 번 넘게 미사에 참석했고, 저녁엔 반드시 왕비와 함께 기도를 올렸다. 1517년 마르틴 루터Martin Luther, 1483~1546(독일의 종교 개혁자·신학 교수)가 로마 가톨릭교를 비판하는 〈95개조95 Thesen〉를 발표한 뒤, 유럽에 퍼진 종교 개혁 사상을 두고 사악한 이단이라며 못마땅해했다.

헨리 8세는 1521년에 〈7성사七聖事에 대한 옹호〉라는 글을 써서 루터의 주장을 반박하고, 교황청은 그 누구도 건드릴 수 없는 신성한 지배 기구라고 주장했다. 여기에 감동한 교황 레오 10세는 헨리 8세에게 "신앙의 수호자^{Fidei defensor · Defender of the Faith}"라는 칭호를 주기도 했다. 이때까지 헨리 8세는 교회와 국가의 공동 지배라는 기존 관념을 확고히 믿고 있었고, 이 질서를 흔드는 모든 주장은 하층민의 불만을 들쑤셔 신의 질서를 어지럽히는 이단이라고 생각했다.

하지만 이즈음 유럽에서는 "왕권신수설^{王權神授說 · Divine right of kings}"이 퍼지고 있었다. 당시 유럽 사람들은 오랫동안 전쟁에 시달려왔고, 강력한 법으로 질서를 유지해줄 국가를 갈망하고 있었다. 헨리는 이 사상을 매우 자연스럽게 받아들였다. 도전자들이 모두 제거된 뒤 왕위에 올랐기 때문에 대신들의 절대적 복종을 받았고, 모든 것을 마음대로 결정하는 데 익숙해진 헨리로서는 당연한 것이었다. 헨리는 자신이 신에 가까운 존재이며 하늘이 자신에게 모든 것을 결정할 수 있는 능력과 지혜를 부여했다고 믿게 되었다.

이렇게 르네상스식 인문주의 교육과 중세 기사로서의 훈련을 받고, 전통적 종교 습관을 가졌지만 왕권신수설에 자연스레 끌렸던 헨리 8세는, 모순된 인간이었다. 그가 살던 세계가 중세의 틀과 근대적 가치가 공존했던 것처럼, 그의 내면에는 세속적 욕망과 전통적 신앙심이 뒤엉켜 충돌할 수밖에 없었다. 그의 개인적 욕망과 권력욕이 내면의 갈등을 뚫고 나왔을 때, 그는 국왕으로서 전통과 관례를 깨고 종교 개혁을 단행했고, 세상도 바뀌게 되었다.

✦ 무소불위의 절대 왕정

젊은 헨리 8세는 아버지처럼 국정을 꼼꼼하게 직접 챙기진 않았지만 그가 물려준 돈을 아낌없이 써서 왕권을 과시하고, 영국이 강국임을 국제 무대에 알렸다. 왕궁을 새로 짓고, 2,000여 개의 태피스트리^{tapestry}(여러 가지 색실로 그림을 짜 넣은 실내 장식품)를 궁내에 걸어 장식했다.

당시 국제 무대에서 강국임을 과시하는 가장 중요한 방법은 전쟁 참여였다. 1513년 헨리 8세는 처음으로 유럽 대륙 전쟁에 끼어들었다. 이탈리아의 밀라노를 점령하고 있는 프랑스를 내쫓기 위해, 신성 로마 제국과 스페인이 한편이 되어 프랑스를 공격하는 전쟁이었다. 헨리는 캐서린의 아버지 페르디난트와 한편이 되어 프랑스를 공격했지만, 이는 철저히 각자의 권력 확장을 위한 것이어서 동맹의 의미는 없었다. 페르디난트는 자신이 원하던 나바르^{Navarra}(프랑스와의 접경지대에 있는 왕국)를 점령하자 단독으로 전쟁을 끝내버렸고, 헨리 8세는 별 역할도 득도 없는 전쟁을 하느라 아버지에게 물려받은 재산의 거의 전부를 탕진했다.

헨리의 이런 씀씀이를 뒷바라지하며 그의 외교·전쟁·오락에 필요한 모든 돈을 마련하는 것은 울지^{Thomas Wolsey, 1475~1530} 추기경의 몫이었다. 울지는 평민에게 교육이 일반화되지 않은 시대에 추기경에까지 오른 입지전적 인물이었다. 푸줏간의 아들로 태어나 옥스퍼드 대학교에서 공부한 그는, 영국 북부 교구인 요크의 대주교가 되었고, 헨리 8세의 눈에 들어 왕실 법정의 대법관으로서 왕의 오른팔이 되었다.

헨리를 대신해 정사를 돌봤던 것은 울지였고, 그가 권력을 누리는 동

1544년 무렵의 헨리 8세의 갑옷. 사실 헨리 8세는 선왕 헨리 7세가 물려준 100만 파운드가 넘는 유산을 흥청망청 써서 국고를 탕진했다는 오명을 갖고 있다. 하지만 당대 최고의 교육을 받은 헨리 8세의 문화적 감각은 국제적 수준이었고, 국제 무대에서 영국의 체면을 유지하기 위해서는 그 정도의 씀씀이가 필요했다.

안 모아들인 사재 또한 엄청났다. 때문에 영국의 재산 있는 계급들은 울지를 두고 과도하게 돈을 뜯어가는 탐욕스런 권력자라고 비난하는 한편, 헨리 8세를 정치에 무관심한 철없고 방탕한 왕이라고 생각했다. 하지만 실제로 울지에게 전권을 부여하고 자신의 뜻에 따라 행동하게 한 것은 헨리 8세였다. 이런 점에서 헨리와 울지는 영국의 모든 자원을 동원해 영국을 당시 국제 무대에서 중요 국가로 키워낸 좋은 파트너였다.

흔히 역사가들은 헨리 8세의 통치 시기가 중앙 집권화를 통해 영국의 절대 왕권이 강화된 시기라고 말한다. 중앙 집권화된 관료 제도가 잘 갖추어진 오랜 왕정의 역사를 가진 우리로서는, "절대 왕"이라는 호칭에서 우리 역사에 등장하는 국왕보다 훨씬 힘센 권력자를 상상할 수 있다.

그러나 실상 유럽 절대 왕정기의 왕이란 그렇게 탄탄한 권력 기반을 가진 왕이 아니었다. 앞서 말했듯이 이전 중세 왕의 권력이란, 왕국 내의 대귀족 및 교회 세력과 사법권·징세권을 나눠 가진 정도의 작은 몫이어서, 그때에는 왕국 전체를 통치할 수 있는 중앙 정부가 없었던 것이다.

바로 이 사법권·징세권을 왕국의 1인자인 왕이 몰수해나가는 시기가 근대 국가 초기의 절대 왕정기이다. 그래서 이 시기 절대 왕은 이전까지 가지고 있던 권력을 놓지 않으려는 대귀족과 교회 세력을 무자비하게 처치하고 권력을 빼앗아오는 수밖에 없었다.

헨리 8세와 울지의 무자비한 권력의 산실은 "성실청星室廳·Court of Star Chamber"이었다. 성실청은 왕궁 안에 있는 천정에 별이 그려진 방으로, 국왕 법정이 열리는 곳이었다. 왕의 보좌관이라고 할 수 있는 추밀원 위원들과 판사들로 구성된 이 법정에서, 울지는 대법관직을 맡아 영국 귀족 가문들이 가지고 있던 사법권을 회수하고 왕의 사법권을 확대해나갔다. 영국 관습법상 국왕 법정은 일종의 항소심을 다루는 대법원이라고 할 수 있지만, 헨리 8세 때 성실청의 권력은 그 이상이었다.

울지는 이 법정을 관료나 의회 내의 정적들을 퇴치하는 데 이용했기 때문에, 성실청은 권력 오남용의 상징으로 지칭되기도 한다. 하지만 성실청이야말로 헨리 8세의 권력 강화의 핵심이었으며, 어떤 지방법이나 교회법으로도 처벌할 수 없는 영국의 귀족 계급들을 억압해 왕권을 강화한 왕의 정치적 기구였다.

✟ 차마 공개 선언하진 못하노라

헨리 8세와 앤 불린이 처음 만난 때는, 앤이 왕비 캐서린의 시녀로 일한 지 1년이 되어갈 무렵이었다. 당시 유럽 왕궁에서는 혈통 좋은 귀족 가문의 처녀들을 뽑아 궁녀로 삼았고, 왕에게 줄을 대고 싶은 귀족들은 딸을 궁으로 보냈다. 꼭 왕의 눈에 들지 않더라도 왕궁은 출세를 노리는 유력 가문의 자제들이 경력과 연줄을 만들기 위해 모여드는 곳이었으므로, 좋은 혼처를 찾기 위한 결혼 시장에 딸을 내놓는 셈이었다.

앤은 외교관인 아버지 토머스 불린Thomas Boleyn, 1477?~1539 덕택에 12세 무렵 이미 부르고뉴 공국Duché de Bourgogne 여왕의 시녀가 되었고, 눈치 빠르고 총명해서 여왕이 앤의 아버지에게 감사 편지를 쓸 정도로 여왕의 마음에 쏙 들었다. 여왕은 앤에게 궁궐의 예법을 가르치고, 가정 교사까지 붙여 당시의 국제어인 프랑스어를 익히게 했다.

1년여가 지난 후 앤은 프랑스 왕비의 궁녀로 옮겨갔다. 헨리 8세의 누이가 영국과의 관계 개선을 도모했던 프랑스 왕 루이 12세의 왕비가 되자, 앤의 아버지는 이 기회를 놓치지 않고 앤에게 프랑스 왕비의 궁녀 자리를 마련해주었기 때문이다.

사실 앤은 뛰어나게 예쁘거나 몸매가 좋은 여인은 아니었다. 안색은 거무튀튀하고 가슴은 어린애처럼 빈약했으며, 목젖이 남자처럼 커서 높은 깃으로 가려야 했고, 기형적인 새끼손톱을 가지고 있어서 소맷부리를 길게 늘어뜨려 이를 감추었다고 한다.

하지만 앤은 재기 발랄하고, 섹시했다. 지적이고 유머가 넘쳤으며, 춤

헨리 8세와 앤 불린의 첫 만남을 묘사한 그림. 앤은 8년 동안이나 프랑스 왕궁에서 생활했고, 유럽에서도 궁중 문화가 가장 화려하게 발달했던 이곳에서 왕비의 공식 일정을 수행하며 세련된 예법과 감각을 익혀나갔다.

실력이 뛰어나고 노래도 잘 불렀다. 카드놀이·사냥·볼링을 즐겼고, 시인들과 교류하며 고급스런 필담을 주고받았다. 애교 넘치고 쾌활한 앤의 주변에는 언제나 많은 남자들이 꾀었고, 그녀는 이것을 즐기며 연애의 달인이 되어갔다.

앤이 프랑스를 떠나게 된 것은, 영국이 프랑스와 적대하는 신성 로마 제국의 카를 5세와 동맹을 맺으면서 프랑스와의 관계가 전쟁을 불사할 만큼 악화됐기 때문이었다. 고향으로 돌아와 곧 캐서린 왕비의 시녀로 입궁하게 된 앤은 영국 궁중에서 단연 돋보였다. 당시 최고의 세련된 문화를 가지고 있던 프랑스 궁에서 오래 생활했기 때문에 옷차림·매너·말투·유머 감각까지 모든 면에서 남달랐고, 선망의 대상이었다.

드러내놓고 구애하진 않았지만, 앤이 궁에 들어온 다음 해인 1522년 경부터 헨리는 이미 그녀를 마음에 두고 주시하기 시작했던 것으로 보인다. 그는 당시 최고 대귀족 가문의 청년과 앤의 혼담설이 오가자 대귀족에 대한 왕의 결혼 승낙권을 이용해 적극적으로 혼사를 막았다. 앤은 이 일로 마음의 상처를 받았지만 여전히 섹시한 매력을 발산하며 궁 안의 남자들을 유혹했다. 당시 영국 상류 계급 출신의 궁녀들에겐 연애의 기술이야말로 자신들의 운명을 개척하는 필살기였고, 앤은 이 분야의 최고 고수였다.

헨리 8세는 1526년 열린 마상 창 시합 대회에 "차마 공개 선언하지는 못하노라Declare je nos"라는 묘한 글귀가 새겨진 옷을 입고 나타났다. 앤에게 정부가 되어달라고 요청한 후 거절당한 뒤였다.

앤이 왕의 정부가 되길 거절한 데는 이유가 있었다. 프랑스에서 그녀와 함께 궁녀로 생활했던 언니 메리 불린Mary Boleyn, 1499?~1543이 그녀보다 일찍 영국 왕궁에서 시녀로 일하면서 헨리 8세의 정부가 되었으나, 결국 왕에게 버림받고 빈털터리로 내쳐지는 것을 목격했기 때문이었다.

왕의 요구와 값비싼 선물 공세를 무시하는 궁녀를 처음 본 헨리는 "앤은 왕과도 함부로 몸을 섞지 않는 고귀한 영혼을 가진 여자"라고 높이 추켜세우며 더욱 그녀에게 매달리게 됐다. 헨리가 앤을 얻기 위해서 캐서린과의 결혼을 무효화하고 앤을 왕비로 들이는 것을 고려하기 시작한 것이 이즈음이었다.

✝ 매우 정치적이며 종교적인 이혼

흔히 헨리가 앤을 왕비로 맞이하기 위해 캐서린과의 '이혼을 추진'했다고 알려져 있지만, 정확히 말해 헨리가 캐서린을 왕비 자리에서 쫓아내기 위해 썼던 방법은 '결혼 자체를 무효화'하는 것이었다. 당시 결혼에 관한 사항은 교회법의 지배를 받고 있었으므로 교황에게 요청해 캐서린과의 결혼을 처음부터 적법하지 않은 것으로 선언하게 해서 자신은 아예 결혼을 하지 않은 자유인이 되려는 것이었다.

사실 헨리는 자신에게 아들이 없는 것이, 이미 형과 결혼했던 형수와 결혼했기 때문이 아닐까 하는 의심을 하고 있었다. 성서에 박식했던 헨리는 평소 꺼림칙했던 《구약 성경》의 〈레위Levi기〉 20장 21절에 나오는 구절을 동원했다.

제 형제의 아내를 데리고 사는 것은 추한 짓이다. 그것은 제 형제의 부끄러운 곳을 벗긴 것이므로 그가 후손을 보지 못하리라.

헨리 8세가 그토록 까다로운 결혼 무효화를 해서라도 캐서린을 왕비 지위에서 내리고 앤과 결혼하려 한 데는, 왕의 후계자 문제가 상당히 개입되어 있었다고 역사가들은 바라본다. 튜더 왕조는 왕위 계승을 둘러싼 엄청난 전쟁을 치르고 왕권을 세운 왕조였다. 이것을 잘 알고 있는 헨리 8세로서는 이런 상황이 다시 올 것을 두려워하며 확실한 계승자를 두지 않으면 안 된다고 생각했다.

하지만 어느덧 캐서린은 마흔을 바라보는 나이가 됐고, 더 이상 아이를 낳을 수 있는 몸이 아니었다. 헨리 8세에게는 캐서린이 낳은 딸 메리Mary Tudor, 1516~1558(훗날의 메리 1세), 엘리자베스 블런트Elizabeth Blount라는 정부에게서 태어난 서자 헨리 피츠로이Henry FitzRoy, 1st Duke of Richmond and Somerset, 1519~1536가 있었지만 이 둘 모두 왕위 계승자로선 적당하지 않았다.

헨리는 앤과의 관계가 깊어지고, 앤이 정부라는 조건으로 자기에게 넘어오지 않자 후계자를 한꺼번에 얻을 수 있는 묘책을 택하게 된다. 젊은 앤을 정식 왕비로 들여 아들을 낳자는 것이었다. 그러니 헨리가 보기엔 이 문제가, 교황이 "20년 전의 헨리 8세와 캐서린의 결혼은 교회법에 어긋나는 것이므로 무효이다"라는 선언만 해주면 끝나는 것이었다.

헨리는 교황 클레멘스 7세에게 정식으로 이런 요청을 하기 위해 1529년 특별 대사를 로마 종교 재판소로 파견했다. 하지만 문제는 헨리가 생각했던 것처럼 간단하지 않았다.

당시 교황은 신성 로마 제국 황제 카를 5세의 볼모나 다름없었는데, 캐서린은 바로 카를 5세의 막내 이모였다. 교황 입장에서는 카를의 눈치를 보지 않고 헨리의 요구를 들어줄 형편이 아니었다. 결국 헨리의 특사들은 왕의 문제를 처리하는 데 실패했고, 교황은 이 골치 아픈 문제를 영국 종교 재판소에서 처리하도록 되돌려 보내며 자신의 특사를 영국으로 파견했다.

교황의 특사는 영국으로 건너와 두 달 동안 헨리의 변호인 울지와 캐서린 측의 변호인이 참석한 가운데 청문회를 열고 이 문제를 심의했다. 헨리와 캐서린도 직접 이 청문회에 참석해서 자신의 입장을 밝혔다.

몇 차례에 걸쳐 청문회가 열렸지만 교황의 대사는 결론을 내지 않았다. 사실 교황은 특사를 파견하면서 이 문제를 결론짓지 말고 가능한 한 질질 끌어달라고 당부했다. 교황은 자신이 처한 정치적 위기 상황에서 이 문제를 간단히 처리할 수 없었고, 그렇다고 헨리 8세와 같은 교회의 독실한 동맹자를 잃고 싶지도 않았던 것이다.

헨리 8세는 이런 교착 상태를 교황을 확실히 설득하지 못한 추기경 울지의 탓으로 돌렸고, 16년간이나 자신의 수족 노릇을 해온 그를 해임했다. 여론은 왕의 속뜻을 보지 못한 채 울지의 해임을 반겼다. 헨리 8세의 재정이 바닥날 때마다 토지 귀족과 상공인들에게 각종 명목의 세금을 받아냈던 것이 울지였기에, 본분을 망각한 채 타락한 그가 신실하며 자애로운 국모 캐서린을 쫓아내려는 음모까지 꾸몄다고 생각했던 것이다.

헨리는 특단의 조치를 취했고, 울지를 해임한 다음해인 1530년에 그를 반역죄로 기소했다. 울지는 처형되기 전 수감 중에 죽었다. 그의 몰락은 어떠한 조건과 이유에서라도 왕의 뜻을 가장 높이 받들지 못하는 자가 맞게 되는 운명을 보여주는 대참극의 서막이었다.

헨리 8세는 대법관의 자리에 당시 존경받는 신학자였던 토머스 모어를 임명했다. 모어는 일찍이 《유토피아》라는 책에서 오갈 데 없는 농민들을 쫓아내는 당시의 현실을 개탄했던 도덕적인 지식인이었다. 헨리 8세가 토머스 모어를 택한 것은, 교회에 비판적인 태도를 갖고 있던 고매

한 인문주의자의 인품을 이용해, 자신에게 걸리적거리는 교회 지배 권력을 타파하려 했기 때문이었을 것이다. 그러나 모어는 국왕도 백성의 뜻을 받들지 않으면 좋은 군주가 될 수 없다며 권력자의 도덕성을 강조했고, 결혼 무효화에도 반대함으로써 헨리에게 도움이 되지 않았다.

✝ 교회에 칼을 뽑아 든 왕

결혼 무효화가 교착된 상태에서 교황은 1532년 앤 불린을 궁에서 내보내고 캐서린과 화해해야 한다는 교지를 보내왔지만, 헨리는 이에 코웃음을 치며 도리어 영국 내 최고위 성직자 16명을 갖가지 죄목으로 기소하는 것으로 응수했다.

나아가 헨리 8세는 의회에 취임세 폐지 법안을 제출해서 교황에게 과감한 일격을 날렸다. 취임세는 신임 주교가 취임 첫해의 순소득을 모두 교황에게 바치는 것으로, 수 세기 동안의 교황청 주요 수입원이었다. 당시 영국 하원을 구성하고 있던 토지 귀족들은 은근히 이 법안을 반겼다. 이 돈이 왕국 밖으로 흘러나가지 않고 정부의 수입이 된다면 자신들에게 돌아올 세 부담을 그만큼 피할 수 있을 것이라고 여겼기 때문이다. 처음엔 자신들의 전통적인 권력을 포기하라는 헨리 8세에 맞서 싸우던 영국의 성직자들도, 의회까지 동원한 헨리의 공세에 결국 1532년 5월 15일 왕 앞에 무릎을 꿇을 수밖에 없었다.

이제 헨리는 양날의 칼을 뽑아 들고 "자신의 결혼 무효화"와 "교회 권력의 몰수"라는 두 목표를 향해 돌진했다. 왕권을 하늘 아래 단 하나의 권력으로 만들기 위해 헨리는 두 명의 수족, 토머스 크랜머Thomas Cranmer, 1489~1556와 토머스 크롬웰Thomas Cromwell, 1485?~1540을 동원했다.

토머스 크랜머는 고위 성직자도 아니었고 성직자들 사이에서 명망 있는 인물도 아니었다. 그는 개혁파 성직자 중의 한 사람으로, 영국의 국왕과 주교는 교황에 대한 어떤 의무도 없으며 영국 내 종교 문제의 모든 해답은 국왕의 의지에 달려 있다고 믿는 사람이었다. 이런 이유로 그는 영국 내 성직자들이 교회 지배를 당연한 것으로 받아들이다가 줄줄이 기소되는 가운데 캔터베리 대주교로 임명되었다.

한편 총리대신에 오른 토머스 크롬웰은 국왕의 뜻을 받들어 교회를 공격하고 교회가 수 세기 동안 누렸던 권력을 중앙 정부로 모아들였다. 이 과정에서 모든 왕명을 의회를 동원해 합법화함으로써 "영국 왕은 영국 내 모든 교회와 성직자의 수장으로서 어떤 경우에도 교황의 지배를 받지 않는다"는 영국의 종교 개혁을 완성해나갔다.

토머스 크랜머가 헨리 8세와 캐서린의 결혼 무효화를 선언한 것은 1533년 5월이었다. 그가 대주교로 서품된 지 6일 만에 서둘러 특별 법정을 소집해서 내린 결정이었다. 이때 이미 앤은 임신 중이었고, 헨리와 앤은 같은 해 1월에 비공개 결혼식도 치른 후였다. 5일 후엔 크랜머가 이들의 결혼을 인정하는 선언을 했고, 곧이어 앤은 왕비로 즉위했다.

헨리 8세가 앤과 결혼하기 위한 방법을 모색하고 이에 착수한 후, 무려 6년에 가까운 긴 세월이 걸린 후였다. 캐서린은 왕비 칭호를 잃고 아

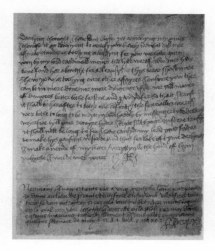

1527년 헨리 8세가 앤 불린에게 보낸 편지. 현재 앤이 쓴 편지는 거의 남아 있지 않지만 앤에게 쓴 헨리의 편지는 바티칸 기록 보관소에 남아 있다. 앤이 편지들을 보관해오다 1529년 교황 시종에게 도둑맞았기 때문이다.

서의 미망인으로 강등되어 수도원으로 물러났고, 캐서린이 쓰던 방은 앤이 차지하게 되었다

이렇게 크랜머가 대주교로 취임하자마자 모든 것을 속전속결로 처리하기로 한 것은 헨리와 크롬웰의 치밀한 계획이었다. 크롬웰은 이 계획을 수행하면서 부딪치게 될 곤란한 문제에 대해서 미리 대비해두었다. 역시 가장 큰 걸림돌은 교황의 간섭이었다. 결혼에 관한 법은 교황 소관이었고, 이렇게 영국 왕이 독단으로 행한 결혼 무효화에 굴복할 수 없다고 생각하는 캐서린이 교황에게 심사 청구를 할 것이 분명했기 때문이었다. 이런 경우 곧 태어날 왕자를 적자로 인정하기 어려울 수도 있었고, 심한 경우 헨리가 파문당할 위험도 배제할 수 없었다.

크롬웰은 이 경우를 대비해 소위 "상소 금지법"으로 알려지게 된 법

안의 초안을 마련해두고 있었다. 이 법안의 골자는 "영국의 모든 백성은 어떤 문제에 대해서든 외부 권력에게 왕의 결정을 기각해달라고 요청할 수 없다"는 것이었다. 즉 국왕을 영토 내 유일한 통치자로 인정해 국왕의 결정을 교황이 번복할 수 없도록 하는 법적 근거를 만드는 것이었다. 국왕과 교회가 관할권을 놓고 충돌한 경우는 있었지만, 이렇게 국왕이 자신의 왕국에 대한 완전한 통치권을 주장한 것은 전례 없는 충격적인 일이었다.

✝ 교회도 의회도 왕의 발아래, 신 아래 오로지 왕

크롬웰은 1532년 이후 교회 권력을 무력화시키려는 일련의 법안들을 처리하기 위해 의회를 소집했다. 역사가들이 "개혁 의회"라고 부르는 당시의 영국 의회는 우리가 지금 생각하는 의회와는 다르게 귀족 및 자산가들의 집단으로 이루어진 정치 기구로, 국정을 처리하는 과정에서 무시할 수 없는 세력이었다. 상원·하원으로 이루어진 의회에서 전 작위 귀족과 고위 성직자들이 상원을 구성했고, 토지 귀족과 부유한 상인들이 하원의 주 구성원이었다. 의회는 주로 국왕이 소집해서 열렸는데, 국왕이 이들 자산가들로부터 필요한 경비를 거두기 위해서였다. 지방 귀족의 관할령에서 왕이 직접 세금을 거둘 수 없었기 때문에 전시戰時와 같은 특별한 상황이 되면 이들에게 분담금을 요청하는 식이었다.

그러므로 의회가 소집되면 의원들은 이 자리에서 국왕에게 자신들의 요구를 주장할 수 있었고, 국왕이라 하더라도 돈을 받아내려면 이들의 의견을 무시할 수 없었다. 그래서 의회는 국왕에게 협조하거나 저항해 영향력을 미칠 수 있는 지배 권력의 한 부분이었고, 국왕의 견제 세력이 될 수도 있었다.

크롬웰은 이렇게 국왕의 대항 세력이 될 수도 있는 의회를, 국왕의 뜻을 관철시키는 도구로 이용해나갔다. 의회를 통해 법안을 승인하는 과정에서 왕명에 대한 일반의 지지를 이끌어내고, 동시에 그것을 합법화해 법으로 확정했던 것이다.

당시 사회의 권력 구도는 '국왕 권력', '교회 권력', '의회 중심의 귀족 및 자산가 권력'의 3자로 나눠볼 수 있다. 이렇게 보면 1530년대 초 헨리 8세가 당면하고 있던 상황은, 국제적 네트워크를 가지고 있는 막강한 '교회 권력'과 일국의 '국왕 권력'이 서로 대치하고 있는 국면이었다.

크롬웰의 계획은 이런 교회 권력을 제압하기 위해 의회를 끌어들여 국왕 편이 되게 하는 것이었다. 교회 재판권에 대한 귀족들의 불만을 이용하고, 영국 내 토지의 3분의 1이나 차지하고 있는 교회 재산을 정부가 몰수하는 것이 의원들에게도 이익이 된다는 사실에 동의를 얻는다면, 의회는 교회 권력을 공격하는 국왕의 든든한 지원군이 될 것이었다. 이렇게 되면 국왕은, 영국 내에서 마치 치외 법권 지역처럼 국왕의 권력에서 벗어나 있던 교회의 사법권과 재산권을 몰수해, 영국의 모든 재산과 법을 거머쥔 최고 통치자가 될 것이었다.

그러기 위해서 국왕은 교회 권력의 총수인 교황과 절연해 영국 교회

앤 불린의 초상화. 헨리 8세와 앤의 결혼 생활은 그다지 행복하지 못했다. 헨리 8세는 자신에겐 신 이외의 어떤 상급자도 없다는 믿음으로 다른 모든 사람들이 자기에게 철저히 복종하길 바라고 있었기 때문에 그 누구도 왕의 심기를 거스르지 못했다. 앤은 독립적이고 지적인 왕비였으나 당시 왕비에게 기대되는 복종적인 역할은 잘 해내지 못했다.

를 국제적 네트워크에서 떼어내고, 자신이 직접 영국 교회의 수장이 되는 수밖에 없었다. 헨리 8세와 크롬웰은 이런 각본에 따라 일련의 법안들을 의회에서 통과시키고, 1534년에 헨리 8세가 영국 교회의 수장임을 선언하는 "수장령"을 통과시켰다. 이것이 영국의 종교 개혁이다.

이렇게 진행된 영국의 종교 개혁은 당시 유럽을 휩쓸고 있던 종교 개혁 물결의 본류에서는 벗어나 있었다. 1517년 마르틴 루터의 로마 가톨릭 교리에 대한 정면 비판에서 시작된 유럽의 종교 개혁은, 교황을 중심으로 한 교회 권력 전체에 대항하며 새로운 교리를 앞세워 교회의 권위에 전면 도전하는 국제적인 신교 운동으로 발전해갔다. 하지만 헨리 8세가 단행한 영국의 종교 개혁은 영국 내 교회 권력을 국왕 권력에 복속시키는 것에 초점이 맞춰져 있었던 것이다.

헨리 8세는 영국 내 교회와 고위 성직자가 가졌던 사법권을 몰수하고, 영국에서 교황에게로 돈이 흘러나가는 것을 철저히 막는 개혁법을 통과시키는 한편, 원래 이 모든 일이 시작된 중요한 문제였던 캐서린과의 결혼 무효화도 마무리를 지었다. 1533년에는 앤과의 결혼을 합법화하고 그녀가 낳을 아들을 적자로 삼는다는 "계승법"을 통과시켰다.

헨리 8세는 이처럼 엄청난 대가를 치르면서 앤과의 결혼을 합법화했지만, 이런 상황에서도 앤은 자기주장이 강했고, 헨리의 외도에 대해서도 너그럽지 않았다. 헨리는 점점 까칠하고 화를 잘 내는 앤에게 싫증을 냈고, 1533년 9월에 딸 엘리자베스Elizabeth Tudor, 1533~1603(훗날의 엘리자베스 1세)를 낳은 후 계속 아들을 낳지 못하는 그녀에게 실망하고 있었다.

한편 크롬웰은 로마로 가던 세금이 국왕의 몫이 되자 1535년부터 세금 부과가 가능한 교회 재산을 조사하고, 수도원 해체에 착수했다. 수도원 해체와 몰수 재산 관리를 위한 관청이 설립됐고, 수 세기 동안 수도원에 축적됐던 금·은·보석들이 궤짝에 실려 런던으로 운반되었으며, 매년 수만 파운드의 수입이 국고로 들어왔다.

압류된 수도원에서는 약 2,000명의 수도사와 수녀, 그리고 1만 명에 달하는 딸린 식구들이 거리로 쫓겨났다. 이렇게 쫓겨난 자들은 당시 영국의 인클로저Enclosure(공동 이용이 가능한 토지에 울타리나 담을 둘러쳐서 사유지임을 명시하던 일) 운동으로 농지에서 쫓겨난 농민들과 함께 거리의 부랑배가 되어갔다.

✝ '최고의 스캔들'에서 탄생한 '최고의 지도자'

사실 헨리 8세의 종교 개혁이라는 이름으로 불리는 이 역사적 과업은
그 혁명적 변화의 정도에 비해 거의 저항 없이 매우 일방적으로 진행되
었다. 일부 성직자들이 저항하다 목숨을 잃고, 1536년부터 1537년까지
북부 지역 농민들이 반란을 일으키긴 했지만 헨리 8세가 왕권을 강화하
며 빼앗은 권력의 크기에 비하면 미약한 것이었다. 이는 헨리 8세가 괴
물 같은 잔혹한 왕이었다는 후대의 평가를 받을 정도로 무자비하게 휘
두른 칼의 위력 때문이었다.

헨리 8세는 "수장령"과 "계승법"을 통과시킨 후 영국의 모든 성인成人
에게 "헨리와 앤의 결혼은 합법적인 것이며"로 시작되는 선서를 강요했
으며, 이에 불복하는 사람은 누구를 막론하고 형장으로 보냈다. 선서 거
부를 이유로 가장 먼저 형장으로 보낸 사람은, 존경받는 신학자이자 그
의 할머니가 평생 스승으로 모시라고 부탁했던 존 피셔John Fisher, 1469~1535
였다. 그가 따르며 교류했던 신학자이자 대법관을 지냈던 토머스 모어
도 참수했다. 이들을 처형함으로써 왕의 말을 듣지 않으면 어떻게 되는
지 본보기를 보여준 셈이었다.

법안에 반대하는 성직자도, 수도원 해체에 저항하는 수도사들도 모두
처형했다. 수도사들을 태운 마차가 연일 런던 탑을 향했고, 200여 명의
수도사들이 감방 벽에 쇠사슬로 묶인 채로 감금됐다. 고문을 당하거나
굶어서 수감 중에 죽은 사람도 50명이나 됐다.

모든 저항을 잠재울 만큼 무자비했던 헨리 8세의 위력은 처형 방법에

서도 드러난다. 반역자는 죽기 전 철저히 신체가 훼손당하는 처참한 고통을 당해야 했다. 그들의 몸은 네 도막으로 절단되어 런던 이곳저곳에 전시되었다. 사람들은 그들이 왕을 불쾌하게 해서 그렇게 죽었다고 생각했다. 그것이 바로 왕이 원하는 것이었고, 왕 앞에 모든 사람이 엎드리는 강력한 왕권을 얻은 방법이었다.

헨리 8세로 하여금 엄청난 역사를 쓰게 한 장본인이었던 앤 불린도, 결국 1536년 헨리의 눈 밖에 나면서 간통죄로 기소되어 형장으로 보내졌다. 헨리 8세가 앤 불린을 위해 마지막으로 베풀었던 배려라면, 고통 없이 죽을 수 있도록 프랑스에서 가장 솜씨 좋은 참수 기술자를 데려온 것이었다. 헨리 8세는 이때 이미 세 번째 부인이었던 앤의 시녀 제인 시모어Jane Seymour, 1508?~1537와의 결혼을 준비하고 있었다. 제인 시모어는 그에게 유일하게 아들을 안겨준 왕비였으나, 출산 후 산욕열로 죽었다. 그 후 독일 신교 제후국의 공주 클레페의 앤Anne of Cleves, 1515~1557과 네 번째 결혼을 한 헨리는, 그녀가 초상화보다 예쁘지 않다며 불만을 토로하다가 결국 결혼을 무효화시켰다.

늙고 뚱뚱해진 헨리는 클레페의 앤의 시녀로 있던 10대 후반의 어린 캐서린 하워드Catherine Howard, 1523?~1542를 다섯 번째 부인으로 맞아 결혼했지만, 결혼한 지 2년도 되지 않아 그녀를 간통죄로 처형시켰다. 그가 마지막이자 여섯 번째로 결혼한 여인은 부자 과부인 캐서린 파Katherine Parr, 1512~1548였는데, 헨리는 그녀의 도움으로 두 딸과 화해했다.

노년의 헨리는 허리가 54인치나 될 정도로 뚱뚱해졌으며 보조 장치가 없이는 거동조차 할 수 없었다. 신체 활동을 할 수 없는 데다 육류 위주의 식습관으로 더욱 건강이 악화된 헨리 8세는 1547년 55세의 나이로 세상을 떠났다.

이것으로 헨리 8세의 삶은 끝이 났다. 그러나 그의 삶이 남긴 궤적은 역사에서 헨리 8세라는 인물을 영국 근대 국가 확립의 일등 공신이 되게도 하고, 국고를 탕진한 방탕한 왕, 또는 괴물적 무자비함의 화신이 되게도 한다. 그것은 중세 유럽의 권력 구조가 흔들리고 각 지역의 국왕을 중심으로 권력이 재편되던 역사적 격변기에 영국에서 교황 권력을 몰아내고 종교 개혁을 단행하는 한편, 국내 모든 세력을 굴복시켜 영국을 중앙 집권 체제를 갖춘 근대 국가로 거듭나게 했던 한 왕으로서의 삶의 궤적이었다. 그래서 헨리 8세를 역사적으로 평가하자면 이 모든 변화의 중심이며 그것을 해낸 훌륭한 왕이라고 할 수 있으며, 또 그 격변으로 파생된 모든 악의 근원이라고 비난할 수도 있다. 다만 헨리 8세를 이야기하면서 그가 어떤 왕이었는지에 대한 평가를 일단 뒤로 물리고, 그와 그가 속한 세계를 함께 바라보면, 헨리 8세는 그가 살았던 시대의 거울이자 그 시대의 주역이었다고 할 수 있다. 중세의 전통과 르네상스의 지적 분위기가 공존하던 격변기에, 그는 신앙심 깊은 기사와 제국을 거머쥔 로마 황제를 동시에 꿈꾼 왕이었다. 그리고 이것이 바로 헨리 8세의 연애와 정치의 원동력이었다.

헨리 8세와 앤 불린의 연애는 마치 영국에서 교회 권력을 몰아내고 강력한 왕권을 확립하는 데 필요한 각본과도 같았다. 두 사람은 연애와

국왕 대관식에서 예복을 입은 엘리자베스 1세의 초상화. 헨리 8세는 왕권을 더욱 공고히 하기 위해 그토록 아들에 집착했지만, 정작 그의 "딸" 엘리자베스 1세는 "짐은 국가와 결혼했다"라는 말과 함께 부왕의 시대를 능가하는 영국 절대주의의 전성기를 주도했다.

결혼을 통해 이 역사 드라마의 주인공 역할에 충실히 임함으로써, 영국이 중앙 집권적인 근대 국가로 탄생하는 결말을 이끌어냈다. 이들의 드라마는 다음 세대까지 이어졌는데, 헨리 8세와 앤 불린 사이에서 태어난 딸이 바로, 스페인의 무적함대를 무찌르며 근대사에서 영국의 주도를 예고한 '엘리자베스 1세'다.

이렇게 근대 영국의 기초를 놓는 위업은 헨리 8세에서 그의 연애 드라마가 낳은 딸 엘리자베스 1세로 이어졌다. 그리고 이 기초 위헤서 이후 영국은 의회 민주주의의 산실, 산업 혁명의 발생지, 19세기 유럽 주도의 세계사를 이끈 제국으로 발전했다. 이것이 헨리 8세의 드라마 같은 삶을 더욱 극적으로 만드는 역사의 대하 드라마다.

총통은 블론디라는 개로부터 커다란 행복을 맛본다. 진정한 반려가
되었다. …… 언제나 곁에 붙어 있는 생명체가 적어도 하나쯤 있다는
것은 좋은 일이다.

히틀러 & 에바 브라운

김태권

유언 같은
결혼식

- '에바 브라운'의 '에바'는 국립국어원 외래어 표기법에 따르면 '에파'가 정확하지만 본문에서는 널리 통용되는 '에바'로 표기했습니다.
- 본문에 사용된 클레이 아트 사진들은 자료를 바탕으로 필자가 직접 제작한 작품을 촬영한 것이고, 일러스트는 필자가 직접 그린 것입니다. ©김태권

글쓴이 김태권

서울대학교 미학과를 졸업하고 동 대학원 서양고전학협동과정에 재학 중이다. 문화일보에 연재된 《장정일 삼국지》 일러스트를 맡아 신문 삽화 연재 사상 최연소 삽화가로 데뷔했다. 프레시안, 문화일보, 한겨레신문 등에 다양한 역사 만화를 연재했고, 지금은 클레이 아트 〈김태권의 인간극장〉을 연재 중이다. 저서로는 《김태권의 십자군 이야기》 1~5권, 《김태권의 한나라 이야기》 1~3권, 《삼인삼색 미학 오디세이》 중 제3권 포스트모더니즘 편, 《어린왕자의 귀환》, 《르네상스 미술이야기》, 《히틀러의 성공시대》 1~2권 등이 있다.

✤ 히틀러의 깜짝 엽기 결혼식

1945년 4월 28일 밤, 히틀러Adolf Hitler, 1889~1945는 결심이 섰다. 이제는 죽어야 했다. 소련군이 수도 베를린에 들어온 지 오래였으니까, 오히려 늦은 결심이었다. 땅굴 밖으로 머리를 내밀어본 지도 한참 됐다. 소련 탱크는 몇 대나 될지, 어디까지 왔을지 궁금했지만 정찰할 여력이 없었다. 사흘 전에도 거리 여기저기에 소련군 탱크가 있다고 했는데, 그 사이 상황은 더 어려워졌고 전세를 뒤집을 가능성은 없었다.

알려진 것과는 달리, 히틀러는 미적미적한 성격이었다고 한다. 큰소리만 쳤지 결단력이 없었고, 중요한 결정을 제때 내리지 못하고 묵혀두기 일쑤였는데, 이번에도 그랬다. 자살하겠다고 마음은 먹었건만, 벙커에 들어가 시간만 까먹으며 미루기만 했다.

요행을 바랐을지도 모르는 것이, 이런 일화도 있다. 1945년 3월 말에, 나치 지도부는 "4월 중순 이후 독일의 전세가 호전된다"는 자료를 입수

했다고 한다. 누가 봐도 나치가 지는 전쟁으로 가고 있는데 이런 예측을 하다니, 신통방통한 연구 기관이나 신출귀몰한 전략가의 분석이었을까 싶지만, 알고 보니 점성술 점괘였다. 그러다가 4월 12일, 프랭클린 루스벨트 미국 대통령이 죽었다는 소식이 들려왔다. 예언대로 되는 걸까 싶어 히틀러도 곁에 있던 요제프 괴벨스^{Joseph Goebbels, 1897~1945}도 들떴다고 하니, 어이가 없는 일이다. 어쨌거나 전황은 바뀌지 않아 소련군은 밀려왔고, 히틀러는 도로 풀이 죽었다.

히틀러는 포로로 잡힐까 두려웠다. 몇 년 전 소련에 쳐들어갔을 때 나치 군대는 온갖 몹쓸 짓을 했다. 나치 패거리는 특히 유대인 학살로 악명 높았거니와, 다른 민족도 마구 죽였다. 소련 땅에 가서는 슬라브 민족을 닥치는 대로 죽였다. 이른바 레벤스라움^{Lebensraum}, 자기네 민족이 생활할 공간을 마련하겠다며 말이다. 상황은 이제 뒤집혔고, 히틀러가 당할 차례였다. 곱게 넘어갈 리 없으니, 그전에 죽는 게 히틀러한테는 나았다. 아니, 죽는다고 끝날 문제가 아닌 것이, 자기 시체를 모스크바로 가져가 조리돌리면 어쩌나 그것도 두려웠다. 화장할 시간은 남겨야 했기에 더는 미룰 수가 없었다.

4월 28일 밤 11시 반, 히틀러는 비서를 불러 유언을 받아 적게 했다. 내용은 뻔했다. 유대인의 음모가 어쩌고저쩌고, 배신자가 어쩌고저쩌고, 전쟁이 터진 것도 남의 탓, 전쟁에 지는 것도 남의 탓이라는, 전부터 늘 해오던 이야기였다. 그런데 색다른 내용이 하나 있었으니, 히틀러가 여자 친구 에바 브라운^{Eva Braun, 1912~1945}과 결혼한다고 밝힌 것이었다.

생각도 못한 이야기에 비서는 깜짝 놀랐다. 독일 사람 대부분은 에바 브라운이 누군지도 몰랐다. 측근들은 에바를 알았지만 히틀러의 말동무로나 생각했기 때문에 결혼이라니 뜻밖이었다(게다가 마지막 순간에).

베를린 시의원 한 명이 연락을 받고 주례를 보러 부랴부랴 벙커로 달려왔다. 폭탄이 쏟아지는 시내를 장갑차로 가로질렀다(히틀러는 마지막 순간까지 민폐였다). 결혼식 증인은, 히틀러를 '아버지처럼 따르던' 요제프 괴벨스와 히틀러 곁에서 살살거리던 마르틴 보어만Martin Bormann, 1900~1945, 두 사람이었다. 괴벨스는 히틀러가 죽으면 일가족이 함께 따라 죽을 작정이었지만, 보어만은 벙커를 빠져나가 어떻게든 살아볼 요량이었다. 어쨌거나 증인 두 사람이 모두 다 신랑이 죽기를 기다리는, 엽기적인 결혼식이었다.

4월 29일 새벽, 지하 벙커 회의실에서 조촐한 혼례가 열렸다. 보좌진 대부분은 방 밖에 대기하다가, 식을 마친 후 샴페인과 샌드위치를 곁들여 잠시 수다를 떨며 나름 피로연을 치렀고, 비서는 유언장을 타자 치느라 식에는 참석하지 않았다. 이렇게 어수선하게 '제3제국'의 마지막 밤이 지나갔고, 히틀러는 다음 날 자살한다.

이토록 엽기적인 결혼식이라니, 히틀러답다. 아돌프 히틀러의 생애와 행적은 제정신 박힌 사람이 이해하기 힘든 삶이었다. 그래서일까, 숱한 의문이 남았고, 미스터리와 음모론도 적지 않다.

연애와 결혼에도 수수께끼 같은 점이 많은데, 에바 브라운은 누구이며, 둘이 어떻게 교제를 했는지, 히틀러는 에바를 사랑했던 건지, 굳이 마지막 순간에 결혼은 왜 한 건지 등등 의문점이 적지 않다.

답부터 보자면, 에바 브라운은 평범한 사람이었다. 눈에 띄는 미인은 아니었는데, 나이는 히틀러보다 23세나 어렸고 히틀러에게 상당히 집착했다. 히틀러도 에바가 좋기는 했겠지만, 둘은 로맨틱한 사이는 아니었다. 둘 사이의 감정을 사랑이라 부를 수 있을지는 모르겠다. 결혼은 사랑 때문일 수도 있겠지만 다른 동기가 있었던 것 같다.

히틀러가 평생 마음에 품은 여인은 따로 있다고도 한다. 겔리 라우발 Geli Raubal, 1908~1931이라는 일찍 죽은 조카딸이다. 한편 히틀러가 정말로 마음을 연 대상은 인간이 아니라고도 한다. 애견 블론디Blondi, 1941~1945가 진정한 반려였다는 말이 있다. 이 얘기들도 차차 살펴볼 것이다.

✤ 히틀러와 에바의 만남

히틀러와 에바 브라운이 어떻게 만났는지부터 알려면 히틀러의 사진을 찍은 남자, 사진사 하인리히 호프만의 이야기부터 해야 한다.

호프만은 뮌헨의 사진사였다. 하루는 젊은 극우 보수 논객이 손님으로 찾아왔다. 선전물 사진도 찍고 연설할 때 멋져 보일 포즈를 고르겠다며 여러 가지 포즈를 잡아볼 테니 그것도 찍어달라고 했다. 이 별난 고객이 바로 아돌프 히틀러였다.

정치 초년, 히틀러는 경멸의 대상이었다. 당시 독일에 와 있던 미국

하인리히 호프만이 촬영한 히틀러의 웅변 포즈 중 하나.

기자 윌리엄 샤이러는 이렇게 증언했다.

만나는 독일인 거의 모두가 민주·자유·평화를 사랑했다. …… 농담 이외에 히틀러의 이름이 화제에 오르는 일은 거의 없었다. 고작 정치 얘기라고 해야 맥주홀 폭동 쿠데타(히틀러가 1923년에 일으켰다가 실패했다)를 비웃는 말뿐이었다.

두 가지 사실이 눈에 띈다. 하나는 많은 사람이 히틀러를 싫어했다는 점이고, 다른 하나는 어쨌든 다들 히틀러의 이름을 들어는 봤다는 점이다. 악명 높은데, 유명하기는 했다. 하인리히 호프만 역시 호기심에서라도 이런저런 이야기를 나누었을 것이다.

히틀러는 자기야말로 애국자라며, 1914년 제1차 세계 대전이 터졌을 때 자기가 얼마나 열광했는지 떠벌였다. 독일이 전쟁을 선포하던 날, 뮌헨의 오데온 광장에 모여 환호하던 군중 가운데 자기도 있었다며 자랑했다. 사진사 호프만도 그날 그곳에서 군중들 사진을 찍었다. 히틀러가 혹시 찍혔을지도 모르겠다 싶어서 호프만은 옛날 사진을 펼쳤다. 수천 명 군중의 얼굴을 하나하나 확인했다. 그러고는 사람들 틈바구니에서 전쟁 소식에 헤벌쭉 웃는, 젊은 히틀러의 얼굴을 찾았다!

마르고 앳된 모습이었다. 나중에 히틀러 수염으로 알려진 얌체 같은 코밑수염도 아직 아니었다. 당시 유행하던 숱이 풍성한 카이저수염을 길렀다. 호프만은 사진에서 히틀러 부분을 확대했다.

히틀러한테는 기막힌 선물이었다. 제1차 세계 대전의 기억은 히틀러에게 각별했다. 왕따로 살던 히틀러가 전쟁 덕분에 남들하고 어울리고 훈장도 타고, 아무튼 처음으로 사람대접을 받았으니까. 정치에 입문한 것도 전쟁 직후의 혼란 덕분이었다.

어쨌거나 전쟁이 났다는데 좋아라 하던 히틀러도 히틀러고, 사진을 뒤진 호프만도 호프만이다. 하인리히 호프만은 히틀러의 전속 사진사가 됐다. 우리가 아는 히틀러의 사진은 거의 다 이 사람이 찍었다. 히틀러가 성공하면서 호프만도 출세했다. 나치가 저지른 나쁜 짓에 적극적으로 가담한 건 아니지만, 나치가 잘나가던 동안 누릴 건 다 누린 데다, 호프만의 딸은 나치 간부와 결혼까지 했다.

나치가 망하고 한참 나중에, 호프만의 아들이 히틀러 사진의 저작권을 주장한 일이 있다. 자기 아버지가 찍었으니 권리가 자기네 식구한테 있다는 것이다. 말이 안 되는 이야기는 아닌데, 히틀러 얼굴이 책에 나올 때마다 호프만의 후손이 돈을 챙긴다니, 어쩐지 꺼림칙한 기분이 드는 일이다. 그래서일까, 저작권을 잘 챙겨주기로 소문난 독일 정부도, 이 권리는 인정해주지 않았다고 한다. 아무튼 사진사 하인리히 호프만은 일이 늘어나며 새로 직원을 뽑게 되는데, 호프만이 고용한 젊은 직원이 바로 에바 브라운이었다.

1929년 가을, 호프만의 사무실에서 에바와 히틀러는 처음 만났다. 에바 브라운이 17세, 아돌프 히틀러가 40세이던 때였다. 로맨틱한 첫 만남은 아니었고, 한눈에 반한 사랑과도 거리가 멀었다. 호프만에 따르면 "에바는 미모가 출중한 것도 아니었고 맹해 보였다"고 하는데, 에바의 사진을 보면 그리 틀린 말은 아니다.

처음에 히틀러는 에바한테 큰 관심이 없었을 것이다. 꽤나 바빴던 데다, 좋아하는 사람도 따로 있었으니(나중에 살펴볼 조카딸 겔리 라우발이다), 아마 에바 쪽에서 더 적극적이었지 싶다. 여러 해가 지나며 둘은 가까워졌고, 히틀러도 에바가 싫지는 않았다. 호프만의 말마따나 에바는 예쁘지 않고 맹한 스타일이었지만(그랬기 때문에), 히틀러는 그 옆에서 편하게 쉴 수 있었다. 좋게 말해 편한 동생이고, 나쁘게 말하면 만만한 여자였다. 에바 브라운은 히틀러의 말동무 노릇을 자처해, 시도 때도 없는 히틀러의 장황한 넋두리를 기꺼이 들어줬다.

에바는 히틀러를 많이 좋아했다. 히틀러는 그렇게까지는 아니었지만, 둘 사이를 주위에 굳이 감추지는 않았다. "사랑 이야기라면, 나도 뮌헨에 애인이 있다"라며 사석에서 슬쩍 자랑했다는 증언이 있기도 하다. 하지만 그렇다고 드러내놓고 애인으로 지내지도 않았다. 호프만은 딱 잘라서 이렇게 말한다.

히틀러에게 에바는 귀여운 장난감이었다. …… 목소리나 표정이나 거동에서 히틀러가 에바를 남달리 생각한다는 것을 내비친 적은 한 번도 없었다.

오히려 히틀러는 에바를 함부로 무시하며 사람들 앞에서 면박을 주고 못되게 굴었다. 그래놓고는 주위에 늘 있던 젊고 예쁜 여자들과 시시덕거렸다. 에바가 보는 앞에서 히틀러는 여자 손에 입을 맞추거나 팔꿈치

를 잡거나 팔짱을 끼기도 했다. 가끔은 대놓고 치근대며 느끼한 말도 속
삭였는데 정말로 여자가 좋아서 그런 것은 아니라고 했다 한다(히틀러는
여성을 남자의 장식물 정도로 생각했다는 얘기도 있고, 오히려 여성 혐오였다
는 얘기도 있다). 다른 남자들 보라고 일부러 그랬을지도 모르지만, 어찌
됐건 히틀러가 하는 짓 하나하나가 어린 에바에게는 상처였다.

✤ 편법으로 총리가 되다

에바가 속을 끓이는 동안에도 히틀러는 정치적으로 꾸역꾸역 성장했고,
1933년에는 총리가 됐다. 그다음부터는 살인자한테 칼자루를 쥐어준
듯 호랑이한테 날개를 달아준 듯 일사천리로 민주주의 체제를 무너뜨
렸다. 히틀러가 총리가 되는 과정을 따라가는 일은 까다롭다. '바이마르
공화국'이 무너지는 과정을 간단히 설명하기 어렵기 때문이다.

　히틀러가 합법적으로 집권했다는 말을 간혹 보게 된다. 틀린 말은 아
니지만, 좀 애매하다고 볼 수 있다. 히틀러가 불법으로 집권한 것은 아니
다. 1923년의 '맥주홀 폭동' 이후 감옥에 다녀오면서 정치 테러 일은 줄
이는 시늉을 했다. 하더라도, 아랫사람이 나서고 자기는 빠져 있었다. 살
인과 폭력 등 불법을 자행하고 특히 민주주의 헌법은 대놓고 무시했지
만, 쿠데타 대신 선거를 이용하기로 방향을 잡았으니, 그런 점에서는 합
법이다. 그렇다고 민주적으로 총리가 된 것도 아니다. "독일 국민이 히틀
러를 선택한 것 아니냐"는 말을 가끔 듣는데 여기에는 동의하기 힘들다.

히틀러가 한순간 독일 정치판의 주목을 받았던 것은 사실이다. 높으신 분들이 히틀러를 밀어주기로 하면서 나치당은 놀라운 성장을 했다. 1928년 2.6퍼센트의 지지를 받던 이 패거리는 1930년에는 18퍼센트, 1932년 7월에는 37.4퍼센트를 득표하는 강한 정당이 됐다.

하지만 나치당 단독으로는 과반을 얻지 못했고 히틀러도 연정聯政을 바라지 않았기 때문에, 의원 내각제가 제대로 돌아갔다면 히틀러가 총리가 될 일은 없었다. 게다가 성장이 빠른 만큼 거품이 빠지는 속도도 놀라웠다. 1932년 11월에는 33.1퍼센트로 표가 떨어졌고, 히틀러 지지자나 반대자나 몇 년이 지나면 나치당이 무너질 것으로 예상했다. 그렇게 되지 않으려면 히틀러한테는 돌파구가 필요했다.

대통령이 히틀러를 총리로 지명했는데, 좋아서 총리로 임명한 것은 아니었다. 대통령 본인도 히틀러를 혐오했지만 어쩔 수 없었다. 사회 민주당이나 가톨릭 중앙당 사람을 총리로 임명하면 중도 정당끼리 연정해 정국을 안정시킬 수 있었지만, '늙은 보수' 힌덴부르크Paul von Hindenburg, 1847~1934 대통령은 극우끼리만 권력을 나누고 싶었다. 한동안은 의회도 선거도 무시하고 대통령 측근들한테 총리 자리를 줬다. 그러다 보니 총리가 자주 바뀌었는데, 시킬 사람이 없기는 마찬가지였다. 결국 히틀러한테까지 총리 자리가 넘어갔다.

히틀러는 "정권을 잡으면 민주주의 공화국을 박살내겠다"고 뻔뻔스레 떠들고 다니던 자였다. 이런 사람을 공화국의 총리로 앉히다니, 말도 안 되는 사상 최악의 총리 인선이었다. 국민이 히틀러를 선택했다기보다, 대통령이 총리를 잘못 골랐다고 하는 말이 맞을 것 같다. 대통령을 안심시키기 위해, 히틀러는 총리가 되더라도 미친 짓은 하지 않겠다고 약속을 해야 했다. 물론 이 약속은 지켜지지 않았다. 제대로 나라가 굴러갔다면 이런 일은 없었을 것이다.

정리하면 이렇다. 히틀러가 불법적으로 권력을 잡은 것은 아니다. 그렇다고 합법적으로 집권했다고 보기도 어렵다. 말하자면 히틀러는 편법으로 총리가 된 셈이었다.

✤ 두 번의 자살 기도

에바는 '나쁜 남자' 히틀러한테 보여주려고 두 번이나 자살 시도를 한다. 1932년 히틀러는 선거 때문에 무지 바빴다. 이제 곧 집권하거나, 아니면 영영 망해버릴 상황이어서 에바와 만날 시간도 없었다. 낙심한 에바는 아버지 권총으로 자기 가슴팍을 쏜다. 심장을 노렸지만 총알이 빗나갔고 치명상은 아니었다. 에바는 피를 흘리며 병원에 직접 전화를 걸었다고 한다. 에바가 죽었다면 선거에 대형 악재였을 테니까("여자 친구, 히틀러 때문에 자살!"), 천하에 뻔뻔한 히틀러도 가슴을 쓸어내렸을 거다. 나중에 살펴보겠지만, 몇 년 전에도 비슷한 사건이 있었기 때문에 더 당황했다. 히틀러는 선거 일정을 멈추고 에바를 진정시키러 병원으로 왔다.

에바는 '이럴 거면 나 죽어버릴래' 카드를 1935년 5월에 한 번 더 써먹는다. 히틀러가 절대 권력을 거머쥐고 독재자가 된 다음이었다. 이번

에는 수면제를 잔뜩 삼켰다.

관심은 그때그때뿐이었다. 오랜 시간 가깝게 지낸 사이기는 했지만, 에바에 대한 히틀러의 마음은 어느 정도 이상은 아니었다. 나치가 잘 나가던 동안에는 히틀러가 에바에게 여지를 주지 않았다. 관계가 급진전하게 된 것은, 얄궂게도 히틀러의 운이 기울면서부터였다.

1939년 9월, 유럽에서 제2차 세계 대전이 터졌다. 처음에는 나치 독일이 잘나가나 싶었는데, 얼마 못 갔다. 자업자득이었다. 1943년부터는 동쪽에서, 1944년에는 서쪽에서, 나치라면 이를 가는 연합국 군대가 밀려들었다. 히틀러는 우울했고 사람들 앞에 나설 자신감을 잃었다. 민심이 싸늘해지자 국민을 달랠 엄두도 못 냈으며, 대국민 연설도 포기했다. 파킨슨병인지, 팔도 떨었다. 동맥 경화에 위경련까지, 1944년 가을에는 보름 동안 살이 7킬로그램이나 빠졌다.

1945년 2월에는 비행기가 날아와 베를린에 폭격을 때렸다. 총리 관저가 무너지고 정부 건물도 대부분 부서졌다. 땅 위에 있을 곳이 없어서, 히틀러 패거리는 땅굴로 기어들어갔다. 종말이 가까워지고 있음을 히틀러도 알았기에 히틀러는 어떻게 죽어야 하나가 고민이었다. 그렇다고 에바 브라운과 함께 그럴 생각은 없었다. 히틀러는 에바를 떼어놓으려고 다른 곳으로 보냈다.

에바 브라운의 생각은 달랐다. 히틀러와 함께하려면(죽으려면) 지금이 기회였기에, 한동안 밖에 있다가 죽기 몇 주 전에 베를린 벙커에 다시 나타났다. 측근의 말에 따르면, 에바는 "부르지도 않았는데 불쑥 찾아와" 히틀러 곁에 머물겠다고 떼를 썼고, 히틀러의 여인이라는 역할에 무섭게 집착하며 함께 죽을 꿈에 부풀었다.

✢ 히틀러의 마지막 생일, "다 끝났다! 완전히 끝났다!"

1945년 4월 20일, 소련군 탱크가 베를린 외곽까지 들어왔고, 오후에는 소련 대포가 베를린에 불을 뿜었다. 종말이 정말 임박해왔다. 4월 20일은 히틀러의 56번째 생일이기도 했다. 보좌진은 여느 해와 다름없이 히틀러의 생일잔치를 준비했다. 원래 해마다 생일날 자정을 땡 치면, 히틀러의 개인 수행원들이 모여 축하를 해주었고, 히틀러는 측근 하나하나와 악수를 하며 인사를 받았다(이전에는 그랬다)고 한다. 그런데 이번에는 생일 축하를 받지 않겠다고 했다. 히틀러야 잔치할 기분이 아니었겠지만, 보좌진들은 머쓱해했고 벙커 분위기가 썰렁해질 판이었다. 히틀러의 마음을 돌리기 위해 헤르만 페겔라인Herman Fegelein, 1906~1945 (에바의 동생과 결혼해 히틀러의 측근이 된 친위대 장교)과 에바가 나섰다. 4월 20일 자정, 머리 위에 대포 소리가 쿵쿵 울리는 가운데, 이 두 사람이 히틀러를 간곡히 설득했고, 히틀러는 못이기는 척 멍한 얼굴로 줄지어 늘어선 수행원들과 악수했다.

에바 브라운과 헤르만 페겔라인, 이 두 사람의 운명은 불과 일주일 후에 반대로 엇갈린다. 페겔라인이라는 이름을 일단 기억해두자.

생일날 새벽, 히틀러는 군대 지휘관들과 만나 회의를 했다. 전쟁에 지는 얘기만 나왔던 회의를 마치고는 에바와 차를 마셨다. 아침 9시쯤 눈을 붙였다가, 소련군이 한 무더기 더 온다는 소식에 화들짝 일어나 잠옷 바람으로 브리핑을 받고 다시 누웠지만 할 수 있는 일도 없었다. 오후 2시쯤 일어나 애견 블론디와 빈둥대다가 오후 일정을 시작한 히틀러는 모처럼 벙커에서 나와, 쑥대밭이 된 총리 관저의 정원에 갔다.

히틀러 소년단원들이 기다리고 있었다. 정규군이 무너진 터라 소년병들이 시가전을 벌여야 했다. 앳된 소년들은 히틀러와 악수하는 '영광'을 누린 후 변변한 장비도 없이 소련군과 싸우러(목숨을 버리러) 떠났다. 불쌍한 소년들을 사지로 보내고 간단한 식사를 마친 히틀러는 지하 벙커로 다시 돌아갔는데, 그러고 나서는 벙커 밖으로 나오지 못했다. 생일날 본 하늘이 마지막으로 본 하늘이었다.

그날 밤 지하 벙커에서 회의가 열렸다. 나치 간부들이 떼로 모인 자리는 이것이 마지막이었다. 분위기는 어수선했고, 예전 같으면 히틀러에

제2차 세계 대전이 일어나기 직전인 1938년 무렵의 히틀러 사진. 나치 독일의 수장으로서 미친 야욕을 불태우고 있을 때였다.

게 눈도장 찍느라 충성 경쟁을 벌였을 텐데 이제는 벙커를 서둘러 떠나려고 안달이었다.

나치의 2인자 헤르만 괴링Hermann Göring, 1893~1946은 평소 훈장을 주렁주렁 달고 나타나던 양반이었는데, 이날은 미군 장교처럼 수수한 국방색 군복을 걸치고 있었다. 회의를 마치자마자 얼마 남지도 않은 공군을 지휘하러 가야 한다며 인사도 하는 둥 마는 둥 하고 달아났다. 다른 가신들도 괴링의 뒤를 따랐다. 옛날에는 히틀러 눈치만 보던 아첨꾼들이 이제는 앞다투어 땅굴을 빠져나갔다. 제3제국이 몰락하는 풍경은 비장하기는커녕 우스꽝스러웠다. 히틀러는 배알이 뒤틀렸다.

옛날부터 배신에 민감한 히틀러였다. 제1차 세계 대전에서 독일이 진 것도 내부의 배신 때문이라고 믿었다. 히틀러가 좋아하던 게르만 신화에도 배신 이야기가 많이 나온다. 니벨룽Nibelungen 전설의 주인공 지크프리트Siegfried는 용도 때려잡는 영웅이라 일대일 대결에서 지는 일이 없었는데, 배신자 하겐Hagen이 등 뒤에 창을 꽂는 바람에 허무하게 죽었다. 지금 보면 우습지만, 히틀러와 괴벨스는 자기네도 지크프리트 같은 영웅이라고 생각하며 배신당해 죽을까 봐 두려워했다(어이없게도, 자기들은 거짓말과 배신을 밥 먹듯 해서 출세해놓고 말이다).

히틀러의 세계관은 유치했다. 세상을 내 편 아니면 남의 편으로 갈라 생각했고, 안 풀리면 언제나 남의 탓을 했다. 자기가 잘못한 게 아니라 누가 배신했기 때문이라 믿었다. 전쟁에서 지고 있는 것도, 군대 내부에 배신자가 있어서라고 생각했다.

의심쟁이 히틀러가 가신들이 등 돌리는 모습을 자기 생일날 목격했으니, 제정신을 유지할 리 없었다. 히틀러는 이틀 후인 4월 22일, 히스테리를 일으킨다. "다 끝났다! 완전히 끝났다!" 자기는 지하 벙커에 남아서 죽을 테니 떠날 사람은 떠나라고 발광하며 다 때려치우겠다고 했다. 한 시간 후에 비행기를 띄울 테니 에바와 비서들도 남쪽으로 가버리라고 말한다.

막장 드라마 같은 광경 속에서 에바는 히틀러를 안정시키며 자기는 떠나지 않겠다고 말했고, 비서들도 분위기에 휩쓸렸는지 끝까지 남겠다고 했다. 그래도 분이 풀리지 않은 히틀러는 몇 시간을 더 날뛰었고, 괴벨스가 부랴부랴 벙커로 달려온 다음에야 진정이 됐다(에바가 다독이지 못한 히틀러를 괴벨스가 진정시켰다는 점이 눈길을 끈다).

일단 진정은 했지만 사태는 수습 불가였다. 히틀러가 흥분한 상태로 여기저기 전화를 돌리는 바람에, 나라님이 맛이 갔다는 사실이 외부로 들통 나고 말았다. 어떤 장군은 분개했다. 지도자라는 양반이 가장 위급한 순간에 국가와 국민을 책임지기는커녕 저버렸다고 봤다. 고약한 직무 유기였다. 리더가 자기 성질도 못 이긴다니 한심한 일이었다. 전부 때려치우겠다는 말도 말썽이었다. 지나치게 배신을 의심한 나머지 정말로 부하들이 배신을 하게 만들었다.

헤르만 괴링은 아둔한 사람이었다. 그만두겠다는 히틀러의 말을 곧이곧대로 듣고, 자신이 권력을 넘겨받을 준비를 했다. "앞으로 내가 지도자가 되는 거냐"고, 눈치도 없이 벙커에 전보를 쳐 물어보기까지 했다. 친위대 대장 하인리히 힘러Heinrich Himmler, 1900~1945는 영악한 자였다. 히틀러가 멘탈 붕괴라는 사실을 알아차리고 히틀러 몰래 연합국에 접촉했다(그러나 전쟁 범죄자 힘러와는 협상하지 않겠다며 연합국은 이를 일축했다). 괴링은 멍청했고 힘러는 약아빠졌지만 히틀러 눈에는 둘 다 마찬가지 반역자였다.

떠나라 그런다고 정말 떠나면 대역죄를 뒤집어쓰는 게 정치다. 옛날부터 임금님이 물러나겠다고 할 때는 모범 답안이 있다. 살고 싶다면 이마를 땅에 문지르고 피눈물을 흘리며 "잘못했습니다, 통촉하여주시옵소서"라고 울부짖어야 한다. 눈치 없이 "생각 잘하셨네요!"라고 대답하면 결국 반역으로 죽기 마련이다. 히틀러처럼 제멋대로인 작자가 히스테리를 부릴 때는 말할 필요도 없다.

✛ 벙커 속의 미치광이

4월 27일과 28일, 헤르만 페겔라인이 어떻게 당했는지 알아보자. 헤르만 페겔라인은 "허풍선이에 바람둥이에 기회주의자"(영국 역사가 이언 커쇼[Ian Kershaw, 1943~]의 표현을 빌면)였다. 처음에는 에바 브라운에게 호감을 품었던 것 같은데, 나중에 에바의 동생과 결혼한다. 독재자 애인의 동생 남편이라니, 묘한 자리다. 나라가 망할 때는 실력 있는 사람보다 이런 사람이 출세를 한다. 친위대 대장 힘러의 눈에 들어 친위대 장교까지 승진한 페겔라인은 권력의 핵심 주변에서 어슬렁거리며 할 줄 아는 것도 없으면서 권력의 단물을 빨았다.

그런데 돌아가는 꼴을 보아하니, 누가 봐도 그럴뿐더러 눈치 없는 페겔라인이 보기에도 히틀러가 망한 것이 확실했다. 페겔라인은 땅굴에서 히틀러와 함께 죽기는 싫었다. 히틀러 본인도 갈 사람은 가라고 했겠다, 자신이라도 살아야겠다 싶었던 페겔라인은 자기 아파트로 갔다. 마지막 낭만이었을까, 페겔라인은 거기에서 에바에게 연락해 벙커에서 달아나야 산다고 그녀를 설득했지만, 에바는 거절했다.

4월 27일 오후, "우리는 왜 망했는가"라며 히틀러는 옛 심복들과 함께 넋두리를 늘어놓았다. 히틀러가 보기엔 독일 국민이 배신했기 때문이었다. 권력을 잡을 때 더 확실히 두들겨 패야 이런 일이 없었을 텐데, 적어도 수천 명은 더 죽여야 했다며 미친 소리를 떠들어댔지만, 그 밥에 그 나물이라고, 심복들도 마찬가지로 미친 자들이라, 이 말에 감동해 맞장구를 쳤다.

히틀러는 세상에 둘도 없는 악한이다. 그렇기 때문에 그의 본모습을 제대로 알 필요가 있다.

그런데 헛소리를 마치고 보니, 감히 어디론가 사라진 페겔라인의 빈자리가 히틀러의 눈에 띄었다. 떠날 테면 떠나라고 해놓고, 진짜 떠나니까 도로 잡아왔다. 27일 저녁, 페겔라인은 자기 아파트에서 체포됐다. 부인 말고 여자 친구와 술에 진탕 취해 있었고 가방에는 현찰이 두둑했다. 에바 브라운에게 전화해 도와달라고 했지만 소용없었다. 지하 벙커로 끌려와 구금된 페겔라인의 앞날은 불확실했다. 히틀러의 진노를 산 것만은 확실했다.

다음 날인 28일, 페겔라인의 운명이 결정됐다. 친위대 대장 하인리히 힘러가 히틀러 몰래 연합국과 접촉했다는 사실이 히틀러 귀에 들어간 것이다. 히틀러는 분노로 펄펄 뛰며 힘러가 저지른 배신뿐 아니라 힘러가 저지르지 않은 배신에도 광분했다. 힘러가 자기를 암살하려는 음모를 꾸몄다고 의심했다. 적어도 자기를 납치하려 한다고 생각했다.

의심은 이내 확신이 되어버렸다. 힘러는 멀리 떨어져 있어서 혼자 음모를 진행할 수 없다. 그렇다면 누가 힘러를 도와 자기를 해코지할 것인가 하고 생각해보니, 페겔라인이 바로 힘러의 부하였다. 떠나라 그런다고 떠나는 걸 보면 페겔라인은 충성스러운 자가 아니라 반역자다, 그러니 틀림없이 음모에 가담했다는 히틀러의 논리 아닌 논리였다.

사실 앞뒤가 안 맞는다. 페겔라인은 벙커를 떠났으니 히틀러를 암살할 수 없었고, 정말로 암살하려 했다면 히틀러 곁에서 기회를 노렸을 것이다. 벙커를 떠나거나 암살을 하거나, 하나만 가능하지 둘 다 할 수는 없는 일이었는데도 히틀러는 아랑곳하지 않았다(원래 나치즘은 논리와는 거리가 멀다).

페겔라인은 아무튼 반역자고, 반역자는 죽여야 한다고 히틀러는 결심했다. 번갯불에 콩 구워 먹듯 군법 회의가 열렸고, 판결은 사형이었다. 어쩌면 히틀러보다 더 에바를 좋아했을지 모르는 이 어정쩡한 바람둥이, 에바의 제부 페겔라인은, 4월 28일 저녁 끌려나가 총살당했다.

✢ 배신에는 응징을, 의리에는 보상을

이 무렵 히틀러 패거리의 정신 상태는 어땠을까. 자기를 배신한 사람들한테(혹은 실제로 배신은 안 했지만 그 사람이 배신했다고 자기 혼자 믿어버린 사람한테) 어떻게든 복수하고 싶었던 것 같다. 또 자기한테 의리를 지킨 사람들한테 어떻게든 보상을 해주려고 했던 것 같다. 마지막 순간까지 히틀러가 '배신자 처리' 문제에 몰두한 것을 보면 그렇다.

4월 1일, 히틀러의 측근 보어만은 탈영에 단호히 대처하라고 지시한다(그전에는 항복도 하지 말라고 명령했다). 살아남을 생각을 버리고 무조건 싸우다 죽으라는 무책임한 방침이다. 히틀러 소년단원을 중심으로 '베어볼프Werwolf'(늑대 인간)라는 조직을 꾸리라고도 지시했다. 명분은 독일 땅에 들어온 연합군에 맞서 저항할 게릴라 조직이었지만 실상은 아니었다. 연합군한테는 힘을 못 썼고, 나치에 등 돌리는 독일 국민을 잔인한 테러로 위협하는 단체였다. 병사도 민간인도 여차하면 배신자로 간주한다는 것이 히틀러 패거리의 방침이었다.

군 지도부한테도 마찬가지였다. 그나마 입바른 말을 하던 하인츠 구데리안Heinz Guderian, 1888~1954 장군을 3월에 해임했다. 히틀러의 말이라면 무조건 복종하는 장군들을 승진시켜놓고는, 전쟁에서 이기지 못한다고 배신자 취급을 했다. 4월 28일에는 "히틀러를 졸졸 따라다니는 애완견 같던 빌헬름 카이텔Wilhelm Keitel, 1882~1946과, 언제나 믿음직스럽던 알프레트 요들Alfred Jodl, 1890~1946 장군"(이언 커쇼의 표현에 따르면)도, 소련군을 물리치고 베를린을 구하지 못한다는 이유로 반역자 혐의를 받는다.

4월 24일에는 뮌헨에 있던 공군 상급 대장 로베르트 리터 폰 그라임Robert Ritter von Greim, 1892~1945을 베를린의 벙커로 불러들였다. 4월 26일 저녁, 그라임은 영문도 모른 채 비행기를 타고 왔다. 대공포 세례를 뚫고 오느라 발에 부상도 당했다. 히틀러는 괴링의 '반역' 행위를 한참 성토

하고는 난데없이 그라임을 새 공군 원수로 임명했다.

이 비상 상황에 어떻게든 괴링에게 앙갚음하려던 것도 치졸하고, 전화로 해도 될 이야기를 굳이 직접 하겠다며 그라임을 사지로 불러놓고 오나 안 오나 충성심을 시험한 것도 유치하다. 남은 공군도 얼마 없는데 의리를 지켰다며 그라임을 공군 원수로 승진시킨 것도 한심하다.

4월 28일 밤, '반역자' 페겔라인이 처형당한 직후에, '신임 원수' 그라임은 목발을 짚은 채 처음이자 마지막 특명을 받는다. 당장 베를린을 떠나 소련군의 방공망을 뚫고 '반역자' 힘러를 처형하라는 임무였다. 그때 필요한 일이기나 했을지, 아니, 가능하기나 했을지를 고려해볼 때, 이 시기 히틀러의 비이성적 정신 상태를 보여주는 일화다.

놀랍게도 그라임은 빗발치는 대공포탄을 헤치고 베를린을 빠져나가는 데는 성공한다. 기적 같은 일이었지만, '특명'은 완수할 처지가 아니었고 물론 힘러를 체포하지도 못한다(사실 체포해봤자 의미도 없었다). 이도저도 안 되는 상태에서 그라임은 남은 비행기를 긁어모아 베를린 방어전에 보내지만 그것도 의미 없는 일이었다.

몇 번이나 죽을 위기를 넘기고 살아남다니, 그라임 장군도 명줄이 길다. 그런데 정작 본인은 벙커에 남아 히틀러와 함께 죽지 못한다며 슬퍼했다니, 어느 동료 장군은 이 분위기를 두고 "정신 병동이 따로 없었다"고 회고했다.

독재자는 지지자들더러 목숨을 바치라고 요구하고, 분위기에 휩쓸려 기꺼이 죽겠다는 사람들이 있다. 자기들끼리는 진지하고 감동적인 일

1934년 총통이 된 히틀러의 모습. 그의 사진 속 얼굴들은 거의 웃음기가 없고 화가 난 듯 뿌루퉁한 표정이 대분분이다.

인지 모르지만, 한 발 물러나 이성을 되찾으면 그저 정신 나간 짓에 불과하다. 마찬가지로, 한 발 뒤로 물러나는 지혜가 우리 시대에도 필요한 이유다.

배신에는 보복하고 의리를 지키면 보상하겠다는 히틀러의 정신 상태는, 히틀러가 결혼식 전후 작성한 유언장에서도 잘 드러난다.

그라임 장군을 떠나보낸 몇 시간 후, 4월 29일 자정 무렵부터, 히틀러는 비서와 함께 유서를 꾸몄다. 유언은 두 부분이었다. 하나는 우리가 살펴본 대로, 에바 브라운과 결혼한다는 "개인적 유서"였고(비서가 타자기를 두드리는 동안 히틀러는 벼락치기로 결혼식을 치른다), 또 하나는 "정치적 유언"이었다. 남의 탓과 자기 합리화를 장황하게 늘어놓은 다음, 히틀러는 자기가 죽은 후 독일 제국을 이끌어갈 각료들을 지명한다.

히틀러는 대통령과 총리를 겸직한다고 해서 '총통'이었다(독일어를 번역하면 말이 그렇게 되는데, 히틀러의 호칭인 '퓌러Führer'는 독일어로 지도자라는 뜻이다. 무솔리니Benito Mussolini, 1883~1945가 이탈리아에서 '두체Duce'라고 불린 것과 마찬가지다). 이미 유명무실해졌지만, 총통이란 이름을 그냥 물려주기는 싫었던 히틀러는 이를 다시 둘로 나눠 되니츠Karl Dönitz, 1891~1980 제독한테는 대통령 자리를 주고, 총리는 최후까지 충성하던 괴벨스에게 넘긴다. 살살이 보어만은 당무 장관으로 승진시켰다. 자기에게 의리를 지킨 사람들한테 허울뿐이나마 요직을 나눠준 것이다.

자기에게 등 돌린 자들을 유언장에서 비난하는 것도 잊지 않았다. 괴링과 힘러를 나치당과 독일 공직에서 쫓아낸다고 구태여 유서에 썼다. 당직도 공직도 모두 빈껍데기인데 말이다.

내용도 없는 말잔치였지만, 히틀러는 이 일에 그렇게나 열심이었다. 유언장을 통해 배신을 응징하고 충성에 보상하는 일이 히틀러한테는 몹시 중요했다. 유서를 쓰다가 결혼식을 들어갔고, 식을 마치고는 유서를 확인했다. 간부들한테 서명을 받고 나니 새벽 4시가 넘어 있었다. 신혼이고 신방이고 그런 거는 없었다.

어찌 보면 결혼은 뒷전이었다. 아니, 결혼식도 유언장 이벤트의 일부 같은 것이었다. 마지막 의리를 지키러 벙커로 찾아온 에바 브라운한테 주는 보상이었고, 자기한테 등 돌린 독일 사람들을 약 오르게 할 상징적인 보복이었다.

마지막 순간까지 보복과 보상에 집착했던 히틀러는, 유언장에 빈말을 남겨서라도 배신자들한테는 해코지를 했던 반면, 의리를 지킨 사람한테는 상징적으로나마(알맹이는 없더라도) 보상을 했다. 에바 브라운에게는 그토록 바라던 "결혼"을 상으로 주었다. 평생 숨겨진 여인으로 살고 퍼스트레이디로 나설 기회는 단 한 번도 얻지 못했지만, 에바 브라운은 곧 죽을 남자의 정식 부인이 됐다. 결혼은 히틀러가 에바에게 주는 마지막 선물이자 의리에 대한 보상이었다. 이게 과연 사랑일까? 아닌 것 같다.

✝ 미치광이의 첫사랑

정치를 빼면 사생활도 내면도 공허한 인물.

히틀러 주위 사람들의 증언인데, 도무지 사랑이 뭔지 알았을 것 같지가 않다. 그래도 혹시라도 딱 한 명, 히틀러가 사랑한 사람을 추측해보라고 한다면, 많은 이들은 아마 '에바 브라운'이 아니라 '겔리 라우발'을 꼽을 것이다. 히틀러보다 19세나 어린 조카딸로, 한 지붕 아래 함께 살기도 했다.

히틀러는 정치 초년에는 잘 안 풀렸다. 쿠데타를 하다가 실패도 했고, 정치 테러를 일삼아 비웃음만 샀다. 그런데 후원자가 붙기 시작하며, 나치당도 성장했고 히틀러도 살림이 폈다. 손님맞이를 위해 큰 집을 얻었고 이혼한 누나가 집안일을 도우러 히틀러의 집으로 들어왔다. 누나는 웃는 모습이 귀엽고 붙임성 좋은 딸아이도 데려와 함께 살았다(1929년부터 1931년까지). 이 딸아이가 겔리 라우발이다.

겔리는 외삼촌 아돌프를 "알피 아저씨"라고 부르며 꽤나 따랐고, 겔리에게는 히틀러 쪽에서 꽤나 집착했다고 한다. 에바 브라운이 1929년 히틀러를 처음 만났을 때, 히틀러가 좋아하는 사람은 따로 있었다고 앞부분에서 언급했는데, 겔리 라우발이 그 사람이다.

한국처럼 패륜에 막장까진 아니지만, 삼촌과 조카 사이의 연애는 독일에서도 그리 평범한 일은 아니었나 보다. 그래도 히틀러는 굳이 숨기지 않았고, 사람들 앞에도 겔리를 데리고 나왔다(히틀러가 어린 조카에게 변태적으로 굴었다는 증언이 있지만 히틀러를 미워하던 사람의 말이니 믿을 만하지는 않다. 겔리와 히틀러가 서로 정신적으로만 좋아했다는 증언 역시, 히틀러 비서가 히틀러 가정부에게 들었다며 한 말이므로 확실한 이야기는 아니다).

의견이 분분하지만 당시에는 겔리가 임신했다는 뜬소문도 있었다. 히틀러의 반대자들이 퍼뜨린 이야기로, 사실이 아니지만 히틀러는 두고두고 격분했다. 겔리의 죽음과 관련한 루머였기 때문이었다. 겔리가 히틀러의 아이를 가져 자살했다는 둥, 유대인 청년의 아이를 가져 살해됐다는 둥, 히틀러가 워낙 미친놈이라 직접 총으로 쐈다는 둥, 사실이 아니라고 밝혀졌지만 소문은 지치지도 않고 퍼졌다(히틀러가 천하에 둘도 없는 나쁜 놈이긴 하지만, 반대파도 언제나 정당한 수단만 사용하진 않았다). 어쨌거나 1931년 9월, 겔리는 총에 맞은 시체로 집에서 발견됐다.

정치에 입문해 10년 동안 정치판의 비주류 신세를 면치 못했던 히틀러와 나치당은 이제 막 뜨기 시작하고 있었다. "1930년 선거 이전만 해도 나치당 하면 대뜸 정신 병원을 떠올리는 사람이 많았다"는 당시 증언도 있다.

그런데 한물간 옛날 우파 정치인들이 히틀러를 밀어주면서 갑자기 떴고, 그 덕분에 지지율은 가파르게 올라갔다. 겔리가 죽던 1931년, 선거로 바빴던 히틀러는 뉘른베르크를 찍고 함부르크로 이동하던 중 조카의 자살 소식을 듣는다(알리바이는 확실한 셈이다). 요아힘 페스트Joachim Fest, 1926~2006는 《히틀러 평전》에서 다음과 같이 증언한다.

> 모든 증언들이 틀린 것이 아니라면 그의 생애의 어떤 사건도 이 사건만큼 그에게 깊은 충격을 준 것은 없었다. 여러 주 동안이나 그는 신경 발작 상태에 빠져 있었고, 몇 번이나 정치를 그만두겠다고 결심했다. 극히 풀죽은 상태로 생명을 끊겠다는 암시를 한 적도 있었다.

겔리 라우발이 23세의 꽃다운 나이에 죽은 까닭은 무엇일까? 히틀러가 사람 죽이는 것을 좋아하긴 했지만, 조카딸을 직접 쐈다는 말은 신빙성이 없는 것이, 그러기에는 겔리를 많이 좋아했다. 다만 히틀러의 집착이 겔리를 죽였다는 얘기는 틀린 말은 아니다.

야심도 없는 소녀를, 진로며 적성에도 간섭하며 어지간히 들볶았나 보다. 히틀러는 겔리를 바그너 오페라의 여주인공을 맡을 성악가로 키우겠다며, 유명한 음악 선생을 붙여준다고 설쳤다. 겔리가 어떤 사람이랑 가깝게 지내는지도 신경 쓰고 개입했다. 이건 되고 저건 안 된다, 하나하나 구속해오니, 겔리로서는 돌파구가 안 보였다.

한동안 오스트리아의 빈에 가 있고 싶다고 소녀가 말하자, 히틀러는 안 된다며 펄펄 뛰었다. 자기의 젊은 시절에는 화가가 되겠다고 빈에서 노숙자 생활을 하던 남자가 말이다. 이 사건이 결정적이었던 것 같다.

격렬한 말싸움 직후, 히틀러는 선거 유세 때문에 함부르크로 떠났고, 뮌헨에 남은 겔리는 히틀러의 권총으로 자살을 했다(3년 후 에바 브라운 도 선거철에 권총 자살을 시도한다. 에바나 히틀러나, 둘 다 겔리의 일을 염두에 두었을 거다).

히틀러의 슬픔은 컸다. 선거 일정을 중단하고 여러 날 동안 방에 틀어박혔다. 히틀러가 모든 걸 포기하면 어쩌나 측근들이 걱정할 지경이었다. 두고두고 이 일에 집착했던 히틀러는, 나중에라도 겔리 이야기가 나오면 눈물을 글썽였다고 하는데, 겔리의 죽음에 대해 주위 사람이 말을 꺼내도 안 되었다. 겔리가 쓰던 방은 치우지 않고 겔리 생전과 똑같이 보존했고, 겔리가 쓰러진 채 발견된 바닥에는 겔리의 흉상을 두었다. 해마다 겔리의 기일이 되면 히틀러는 이곳을 찾아와 몇 시간씩 겔리를 추념했다고 한다.

겔리에 죽음에 대한, 히틀러의 유난을 떤다 싶을 정도의 반응을 보고 있자면, 결혼은 에바 브라운과 했지만 히틀러가 진짜 좋아한 사람은 겔리 라우발이라는 말이 나올 수밖에 없다.

하지만 이조차 의심하는 의견도 있다. "다분히 정치적 효과를 노리고 이렇게 슬퍼하는 척했지만 정작 효과는 별로 없었다"고 에른스트 한프슈탱글Ernst Hanfstaengl, 1887~1975 은 회고한다. 한프슈탱글은 히틀러가 정치에 입문해 별 볼 일 없을 때부터 후원해주다가 나중에 나치가 집권한 다음 내쫓겨 외국으로 달아난 사람이니, 원한 때문에 나쁘게 말했을 수도 있지만(아니면 사건 당시 최측근이어서 다른 사람이 못 보는 점을 봤거나), 히틀러의 과장된 애도가 측근의 눈에는 진정성 없는 공허한 쇼였나 보다.

✟ 어쩌면 애견을 더 사랑했을

친구건 적이건, 히틀러와 같은 시대를 살던 사람도, 그 시대를 연구하는 훗날의 연구자도 히틀러는 "속이 텅 빈 인간이라고" 입을 모아 말한다. 히틀러는 정치 활동 말고는 자기 생활도 없었으며, 다른 사람과 마음을 나누는 이가 아니었다. 일이 잘 풀리던 시절에도, 생각대로 안 되면 자살할 양반이라는 인상이었다고 한다.

히틀러가 얼마나 끔찍한 인간인지 보여주는 일화가 있다. 1942년 11월, 히틀러가 탄 특별 열차 옆에, 이름 없는 병사들이 탄 열차가 우연히 멈춰 섰다. 소련 땅 동부 전선에서 죽기 살기로 싸우다 지쳐 돌아오는 병사들이었다. 이들과 마주친 히틀러는 어떻게 했을까?

평소에 자기는 이름 없는 병사로 제1차 세계 대전을 치렀다고, 그래서 서민에 대해 할 말이 많다고 큰소리치던 그였다. 그러니 자기 때문에 소모품처럼 죽어가는 사병의 마음을 알 수 있었고, 알아야 했다.

그러면 이때 히틀러가 빈말로라도 병사들을 위로했을까? 송구한 마음에 눈물이라도 흘렸을까? 천만의 말씀이다. 그는 대뜸 "저들이 안 보이게 차양을 쳐라"라고 지시했다.

히틀러는 공감 의지도 공감 능력도 없었다. 그에게 있어 타인이란, 그저 자기 말을 들어주고 자기 의지를 실현시키기 위한 수단에 불과했다. 입바른 소리를 하는 전문가보다 고분고분한 예스맨을 좋아했고, 전쟁할 때도 그랬다. 앞서 살펴봤지만, 전쟁 막판에는 구데리안 같은 명장을 내치고, 굽실거리는 카이텔을 사령관으로 앉혔다. 카이텔은, 젊은 장교들이 "주인 말에 끄덕이는 당나귀"라거나 "제국 주유소 주유원"이라며 흉을 보던, 능력 없는 아첨꾼이었다. 이래놓고는 자기를 구출하지 못한다며(능력이 있어야 전황을 뒤집을 것 아닌가), 막판에는 반역자라고 의심했다.

여자 친구에게는 더했는데, "히틀러는 자기보다 나이가 훨씬 어려서 자기가 군림할 수 있고, 귀찮게 굴지 않는 순종적인 여자를 좋아했다"고 이언 커쇼는 지적한다.

1926년 37세이던 히틀러는 마리아 라이너라는 16세 아가씨를 잠시 사귀었다. 친구들이 그녀를 부르는 애칭은 "미미"였는데, 히틀러는 마리아를 "미니·미미라인·미치" 등 온갖 닭살 돋는 이름으로 불렀다고 한다. 1929년부터 좋아한 겔리 라우발과는 19세 차이였고, 1932년 전후로 사귀기 시작한 에바 브라운과는 23세 차이였으니, 사귀는 여성들과 '나이 차가 크다'는 일관성은 있었던 셈이다.

그나마 유명세를 타기 전에는 이런 '연애'도 하지 않았던 것으로 보아, 비슷한 위치·비슷한 나이의 여성한테는 순종을 요구하고 통제할 자신이 없었기 때문일 것으로 보이는데, 어쩐지 병적이다.

히틀러와 에바 브
라운이 애견 브론
디와 산책을 나온
모습.

미미·겔리·에바와 히틀러처럼, 사회 생활을 처음 하는 젊은 여성과 아버지뻘 되는 유명한 남성이 사귀면서 인간 대 인간의 수평적 관계를 맺기란 어려운 일이다. 히틀러는 애초에 그런 것을 바라지도 않았다. 이런 관계를 '연애'라 불러도 될까? 일방적인 충성이니 순종이니 하는 건 제대로 된 연애 관계가 아니다. 히틀러가 바란 건 애인이 될 사람이 아니라 애견 노릇을 해줄 충복이었을 것이다.

히틀러는 애견가였다. 여자 친구를 사귀기 전, 제1차 세계 대전 때도 개를 키웠다. 푹슬이라는 이름의 털북숭이 강아지를 참호 안에서 키웠는데, 동료 병사들보다 이 개랑 더 친했다고 한다. 정치인이 된 다음에는 극우 민족주의를 표방하답시고, '금발의 늑대 개'가 게르만 민족의 강인함을 상징하니 어쩌니 하면서 셰퍼드 블론다를 키웠다.

블론다 다음에는 블론디를 키웠다. 암컷 셰퍼드 블론디가 히틀러의 진정한 반려였다는 말이 있다. 사람과 개를 비교해 미안하지만, 히틀러는 에바와 블론디 중 어느 쪽과 더 가까웠을까. 히틀러의 남자 알베르트 슈페어^{Albert Speer, 1905~1981}의 회고에 의하면, 1943년 가을에 히틀러는 "얼마 안 가 나는 브라운 양과 개만 친구로 삼을 것 같다"고 말했다고 한다.

그런데 주위 사람들 보기엔 어땠을까. 그해 9월 10일, 역시 히틀러의 남자인 괴벨스는 일기에 이렇게 썼다.

> 지도자(히틀러)는 블론디라는 개로부터 커다란 행복을 맛본다. 진정한 반려가 되었다. …… 언제나 곁에 붙어 있는 생명체가 적어도 하나쯤 있다는 것은 좋은 일이다.

1945년 4월 29일 오후, 자살을 앞둔 히틀러는 블론디를 먼저 떠나보내기로 한다. 베를린의 지하 진료소에서 환자를 돌보던 베르너 하제 박사와 개를 돌보던 프리츠 토르노프 하사는 블론디의 입을 벌려 청산가리를 먹인다. 개가 쓰러져 숨을 거둔 다음 히틀러는 방에 들어와 죽은 블론디를 몇 초 동안 쳐다보았다. 그러고는 이내 얼굴이 백짓장이 되어 자기 방에 틀어박혔다고 한다. 다음 날 자신이 죽을 일에 마음이 무거웠을 것이다. 그런데 벙커에 같이 지내던 히틀러의 측근들이 에바의 죽음보다 블론디의 죽음에 더 충격을 받았다는 말이 있다. 그만큼 히틀러가 블론디를 아꼈기 때문이었을 것이다. 말로는 에바와 블론디가 친구라고 했지만, 하는 짓을 보면 아무래도 블론디를 더 챙겼나 보다.

히틀러가 개를 좋아했던 이유는 "개는 복종만 하기 때문"이라고 한다. 그렇다면 사람보다 개를 아끼는 점도 설명이 된다(대부분의 사람은 자기 생각이 있으니까). 히틀러에게는 다른 사람의 마음도, 다른 사람의 인생도 중요하지 않았다, 심지어 다른 사람의 목숨도.

✟ 히틀러가 죽은 다음

블론디가 죽은 다음 날인 4월 30일, 히틀러가 죽는다(민폐뿐인 인생이었다). 에바 브라운도 함께 죽는다. 히틀러도 에바처럼 독을 먹었다는 둥, 그게 아니라 자기 입천장을 총으로 쐈다는 둥, 여러 가지 설이 있다. 중요한 이야기는 아니겠지만, 에바는 청산가리로 죽고 히틀러는 자기 관자놀이에 대고 총을 쐈다는 것이 정설이다.

히틀러가 죽고 난 다음도 일이었다. 소련군에게 '전리품'을 남기지 말아야 한다며, 히틀러와 에바 브라운의 시체를 괴벨스가 책임지고 깨끗이 화장했다. 아돌프 히틀러와 에바 브라운은 함께 고운 재로 돌아갔다. 그런데 시간이 모자라 남은 석유를 거의 다 써버려서, 정작 괴벨스가 집안 식구들과 함께 청산가리를 삼킨 다음에는 충분한 석유가 남아 있지 않았다. 소련군이 코앞에 있어서 새로 기름을 구해올 시간도 없었다. 그래서 괴벨스는 화장을 하다 말고, 타다 만 시신은 고스란히 소련군 손에 넘어갔다. 재로 돌아갈 기회를 섬기던 나라님께 양보했으니, 마지막 충성(?)이랄까.

히틀러가 죽지 않고 달아났다는 이야기도 있지만, 이는 사실무근이다. 남미에서 숨어 살았다느니, 남극으로 갔다느니, 지구 구멍 속으로 들어가 비행접시를 띄운다느니 하는 헛소리도 끊이지 않는다.

히틀러에 대해 기이한 이야기들이 많다. 히틀러가 세상에 둘도 없는 자라서 그럴 것이다. 이렇게 몹쓸 인간은 이전에도 없고 이후에도 없을 테기 때문이겠지만, 히틀러가 얼마나 악마 같은지를 줄줄 늘어놓는 일도 건강해 보이지는 않는다.

히틀러에 얽힌 각종 뜬소문에 대해서는, 영국 언론인 데이비드 사우스웰이 언급한 한 줄 평이 적절하리라. 사우스웰은 갖가지 음모론을 정리한 다음, 이렇게 덧붙인다.

> 이러한 음모론을 믿는 것은, 히틀러에게 희생당한 수많은 사람들에 대한 모독이다.

히틀러의 범죄가 가벼운 읽을거리로 다뤄지지 않기를 바라서 그랬을 것이다. 움베르토 에코는 〈원형 파시즘〉이라는 글에서, 파시즘은 모양을 조금씩 바꾸어 다시 나타날 거라고 했다. 히틀러의 본모습을 똑바로 쳐다보지 않으면 위험한 또 다른 이유다.

얼마 전 독일에서 《그가 돌아왔다Er ist wieder da》는 소설이 베스트셀러가 됐다. 히틀러 본인이 지금 현재의 독일에 나타난다는 이야기다. 이 책에서 히틀러는 자기가 히틀러라는 걸 숨기지 않고, 숫제 히틀러처럼 말하는 코미디언으로 TV에 데뷔한다. 그런데 아무도 그 사람이 히틀러라는 사실을 모른다. 《그가 돌아왔다》의 한국어판에서는 히틀러가 서울에 나타난다면 어떻게 될까 하는 내용이 전개된다. 그렇다면 우리는 과연 그를 쉽게 알아볼 수 있을까? 어쩌면 히틀러를 알아보지 못하고 다시 한 번 그에게 성공할 기회를 줄 지도 모를 일이다.

...

덧붙이는 말

히틀러라는 주제를 다루는 이 글이 단순한 흥밋거리가 되지 않기를 바라며 몇 마디 덧붙이고자 한다. 히틀러에 관한 책으로는, 독일 언론인 요아힘 페스트의 세계적인 베스트셀러 《히틀러 평전》 이 가장 유명하지만, 요아힘 페스트가 "히틀러는 악마처럼 크게 나쁘다"며 "악의 위대함"에 대해 언급하는 부분이 나로서는 의아했다. 그래서 "히틀러를 키운 사회적 힘"에 대해 알아보겠다고 한, 영국 역사가 이언 커쇼의 《히틀러》를 주로 참고했다. 이외에도 읽을 만한 책에 대해서는, 내가 그린 만화책 《히틀러의 성공시대》의 참고 문헌 목록에 정리해두었다.

유언 같은 결혼식

사진 출처

- **위키피디아** p49(Tksteven), p65(Stevenliuyi), p72(Stevenliuyi), p78(Stevenliuyi), p138(Ryuch), p164(Torsade de Pointes), p166(Elsapucai), p171(Lobo), p178(RoRo), p183(Galio), p188(Hic et nunc), p211(MBisanz)

- **ⓒ김태권** p125, p138, p144, p146, p251, p267